U0923594

图2　培养学生全面发展

图3　多重教育无处不在

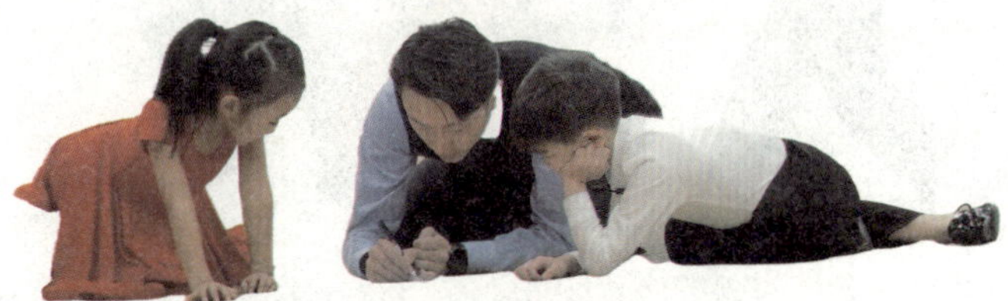

图4　“看”“读”结合的训练

图6　鼓励孩子创新

图7　培养孩子的性格

图9　培养孩子自主学习能力

让创新

引导孩子创造生活

总主编：周文彪

教育与创新

Education and Innovation

主　编：郭洪飞　赵明

中国纺织出版社有限公司

内 容 提 要

本系列丛书共分为《教育与创新》《规矩与成长》《品德与分数》《知识与财富》等10个分册。每章节的论述都以著名教育家陶行知先生经典小故事为引导，分别提出论点、论据，彰显了教育家言行一致的风格。每章结尾处又以陶行知本人的行为规范为楷模，不仅能使读者读懂理论，还能感染父母体会“学为人师，行为世范”的家教风格，进一步揭示了“父母的行为要成为孩子的楷模”这一育子理论，加深了读者的深度思考和理解。

图书在版编目（CIP）数据

陶行知生活教育系列丛书. 教育与创新 / 周文彪总主编；郭洪飞，赵明主编. -- 北京：中国纺织出版社有限公司，2021.12

ISBN 978-7-5180-9215-4

Ⅰ. ①陶… Ⅱ. ①周… ②郭… ③赵… Ⅲ. ①生活教育—儿童教育—家庭教育 Ⅳ. ①G78

中国版本图书馆CIP数据核字（2021）第262998号

策划编辑：闫　星　　责任编辑：刘桐妍　　特约编辑：符　芬
责任校对：高　涵　　责任印制：储志伟

中国纺织出版社有限公司出版发行

地址：北京市朝阳区百子湾东里A407号楼　邮政编码：100124

销售电话：010—67004422　传真：010—87155801

http://www.c-textilep.com

中国纺织出版社天猫旗舰店

官方微博 http://weibo.com/2119887771

三河市延风印装有限公司印刷　各地新华书店经销

2021年12月第1版第1次印刷

开本：880×1230　1/32　印张：63.75

字数：1040千字　定价：398.00元（全10册）

学做真人
生存能力
理财能力
分析能力
组织能力
演讲能力
表达能力
管理能力
专业能力
设计能力
创新能力
创造能力
影响力
激励力
组织与授权
监控与检查
灵活应用
个人体验
生活经验
领导经验
管理经验
跨学科知识
产业中的教育感悟
专业导向产业延伸
获取
· 知识
· 技能
· 收入
储存
职业体验
· 标准化
· 流程化
· 科研化
· 智能化
应用
•行为养成
•职业感知
•兴趣爱好
兴趣培养
•学习能力
•兴趣特长
•职业认知
行为习惯
•职业规划
•科普知识
•职业体验
社交知识
•人文地理
•礼貌礼仪
•职业习惯
职业发展
培养企业拿来即用的
人
· 个人形象
· 维护与辩护能力
· 冲突管理
· 团队工作能力
· 客户导向意识
基础教育
· 自我定位
· 智能管理
· 科技创新
· 知识传播
教育与创新
· 角色管理
· 时间管理
· 沟通管理
· 目标管理
· 激励管理
· 绩效管理
· 技能教练
企业体验
产教融合
院校教学
岗位体验
职业体验
智商：
认识客观事物，运用知识解决实际问题的能力，掌握处理业务工作所需的技术和工具
情商：
具备处理自己与他人关系的能力
智能养身
运动场
游泳池
健身馆
药膳堂
养生馆
MR体验
职业感知
职业认知
科学实验
技术革新
数学应用
艺术熏陶
创新思维
创新创业
品德修炼
心理调节
情操感悟
教育中的产业渗透
教人求真
社区教育
· 教育与创新
· 规矩与成长
· 品德与分数
· 知识与财富
· 行为与性格
· 尊重与情商
· 勤奋与责任
· 生存与发展
· 音乐与人生
· 表扬与批评
· 专业与职业
· 健康与人生
· 安全与生产
通过产教融合，归纳演绎出：团队竞争力和创新、创造力
形成寓教于乐的教育特色：产教融合、协同育人
“三识”
学识
见识
胆识
显性知识：理论、通用（知道）
隐性知识：经验、教训（会用）

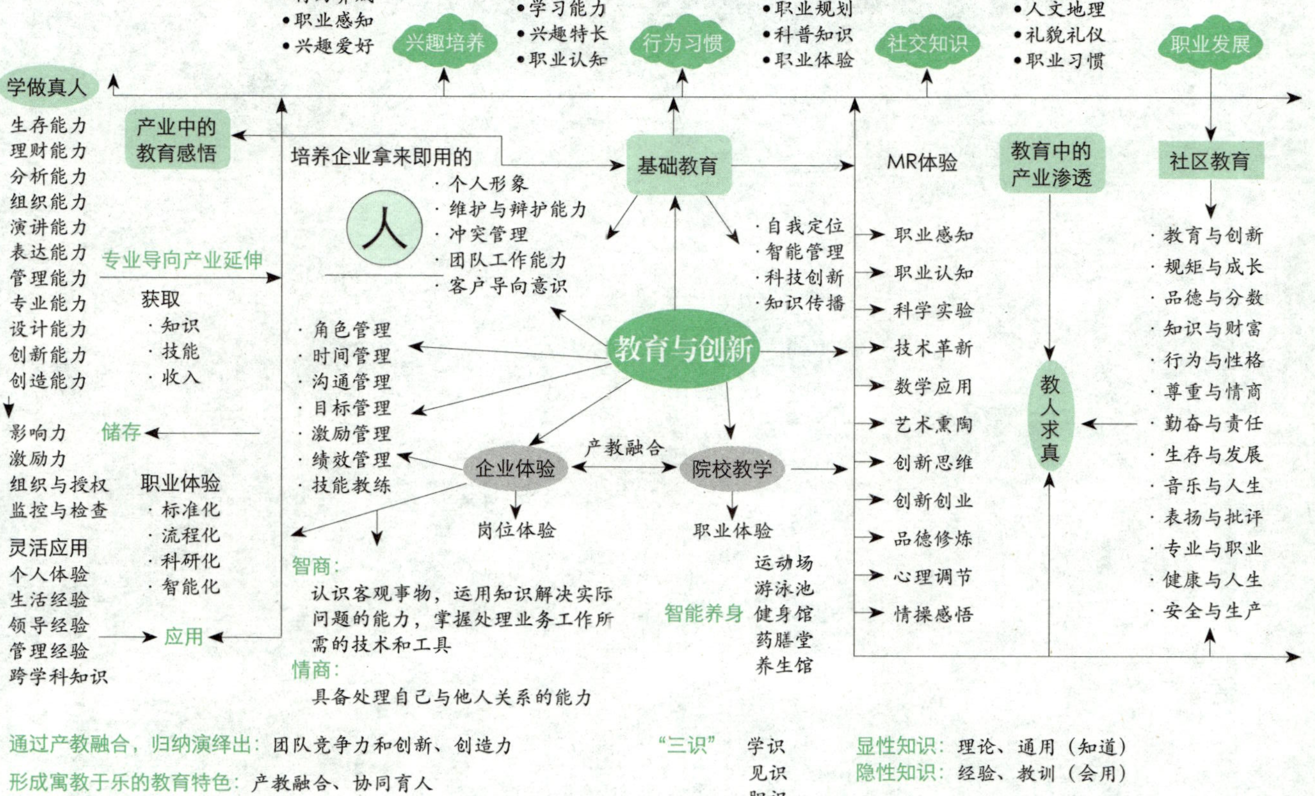

《教育与创新》框架结构图

TAO XING ZHI SHENG HUO

《陶行知生活教育系列丛书》

JIAO YU XI LIE CONG SHU

各分册主编

第一分册 《教育与创新》 主编 郭洪飞 赵 明

第二分册 《规矩与成长》 主编 罗碧华 杨秀丽

第三分册 《品德与分数》 主编 周文彪 张平原

第四分册 《知识与财富》 主编 刘建清 周 苹

第五分册 《行为与性格》 主编 刘馨阳 郭洪飞

第六分册 《尊重与情商》 主编 周 蔷 李嘉玉

第七分册 《勤奋与责任》 主编 周志平 秦承敏

第八分册 《生存与发展》 主编 刘义光 黎 邓

第九分册 《音乐与人生》 主编 张炜 蒋菡 何薇

第十分册 《批评与表扬》 主编 陈京平 张 炜

序一

闻悉周文彪先生任总主编的《陶行知生活教育系列丛书》付梓出版，尤其是将家庭教育融入陶行知生活教育思想非常必要。为众多父母在子女教育上坚持“行知合一”，用自己的行为做孩子的楷模提供了良好的借鉴。

随着《中华人民共和国家庭教育促进法》的颁布与实施，重视智力发展，忽视道德培养；重视知识学习，忽视能力培养；重视书本知识学习，忽视劳动实践；重视孩子智力发展，忽视情商培养；重视特长培养，忽视全面发展；重视身体健康，忽视心理健康；重视饮食营养，忽视身体保健的倾向越来越没有了市场，众多教育工作者逐步走向培养孩子全面发展的轨道。

父母与孩子的关系就好比土地和禾苗：土地肥沃，禾苗就茁壮；土地瘠薄，禾苗就瘦弱。家庭教育也是如此，父母的行为时时都在感染、熏陶和“塑造”着孩子的人生，孩子的行为、习惯、个性、性格也正是在父母行为的影响下逐步形成的。

大家都希望自己的孩子能接受到更好的教育，成为更优秀的人，这是为人父母的期望，也是整个教育事业必将要达到的目标，因此，我们万万不可忽略父母行为对孩子的影响。

在众多家庭教育中，有成功的经验，也有失败的教训，很多父母对孩子的期望总会产生极大的落差，其中的原因是什么呢？

一则对孩子的期望值过高。不计其数的父母盲目坚守着“望子成龙、望女成凤”的观念，孩子一入学就对他们提出：一定要考多少分，保持班上前几名，初中要考取某某名校，大学要考上985、211，毕业后要从事某高科技、高科研、高薪资的工作，结果，期望值越高，失望越大。

二则对孩子娇生惯养。很多孩子在家“称王称霸”，在外“一事无成”。其原因就是父母总是把孩子看作“温室里的花草”，对孩子提出的条件无限制地满足，平时这也不让做，那也不让做，忽略了孩子自身的锻炼，致使孩子一旦离开父母，走向社会，连最起码的生活自理能力也没有了。

三则对孩子放任自流。有些父母虽然与孩子住在一个屋檐下，同吃一锅饭,却很少交流,一旦交流就是“考多少分?全班第几名?”孩子做不到，就“一顿唠叨或讽刺挖苦”，这种不注意孩子的心理调适，一味压制，到头来孩子只好选择不和父母交流，有的甚至不想往来，还有的父母与孩子竟然像陌生人一样，孩子也干脆不和父母在一起。

四则对子女过度殷勤。随着生活水平的提高，很多父母对孩子过于殷勤，如吃饭的时候，总是喜欢将椅子、碗筷摆好，饭菜盛好，还有的孩子已经上小学了，还要靠父母喂饭吃。

五则用金钱替代教育。父母用金钱替代教育的现象不占少数，我们是否可以静下心来想一想：这样做究竟给孩子带来的是什么？存款、股票、房产、产业，等等？如此下去，孩子将来又会走向何方？培养孩子全面发展岂不是成了一句“空谈”？

特别引以注意的是：一些父母竟然混淆了家庭教育与学校教

育的关系。把孩子成才的期望全部寄托于学校，错误地认为教育就是学校的事，孩子只要考高分，上个好大学，将来就一定能有个好职业。这个误区实在可怕，大家要明白：家庭是教育的最基本、最基层的单位，学校教育是辅助家庭培养孩子成才的，家庭教育与学校教育的区别只是环境不同、教育者与受教育者之间的关系不同、教育者自身的条件不同、教育内容不同、组织管理不同，家庭教育具有广泛的大众性、强烈的感染性、特殊的权威性、鲜明的针对性、天然的连续性以及人生幸福的继承性和教育的终身性与教育方法的灵活性。

《陶行知生活教育系列丛书》在研究陶行知生活教育思想的基础上，对于家庭教育进行了进一步的深入挖掘、整理和延伸，指出了家庭教育在整个生活教育中的地位和作用，突出了陶行知“追求真理做真人”的为人之道，涵盖了早与迟、宽与严、言与行、家与校等多个层面，给父母在子女教育中以启发。

这套丛书从“品德培养要从健康行为开始”“让规矩陪伴孩子成长”“时刻提醒孩子规范自己的言行”“比考试分数更重要的是品德”“给孩子金山不如给知识，再富也别富养孩子”“知识转化为生产力才有力量”“不要忽略创新在教育中的作用”“对孩子的情商培养要从尊重开始”“让孩子在挫折中求生存”“不要忽视孩子生存能力的训练”10个侧面，提出了一系列比较现实的教育观点，通过生活中的一个个典型案例，论述了父母的行为与孩子成长的辩证关系，比如：父母自身素质、教养态度、教育能力、家庭生活条件、家庭成员之间的关系、家庭的社会背景和社会风气、家庭中错综复杂的冲突与矛盾等。促使父母更加重视“家庭教育的优势与劣势”“独生子女教育的优劣”“爱而不娇”“严而有格”“该管则管，该放则放，管放结合”“发展特长和全面发展”“言教和身教”“说服和实践”“掌握分寸选择机会”等重要问题。

在本套丛书即将发行之际，我们期望父母通过本书的阅读，提升家庭教育观念，支持孩子进行科学、文明、道德的修炼，使之在更多的学习活动中获得更多的自主权，从事更加有益的实践活动，在家庭教育中获得课堂上无法获得的知识和能力，使孩子的个性、知识、人格、情操、体质诸方面得以健康发展，让家庭教育与学校教育相辅相成、互相促进、相得益彰，促使孩子德、智、美、体、劳全面发展。

（俞启定　国内首批获得教育学硕士、博士学位的博士生导师，北京师范大学著名教授）

俞启定

2021 年 11 月 28 日

序二

《陶行知生活教育系列丛书》即将付梓出版，应丛书总主编周文彪先生之邀，特写上以下一番话，表达祝贺之意。

萌芽于1918年，成型于1927年的“生活教育”理论，是陶行知教育思想的核心。

“生活教育”理论是陶行知作为中国现代教育先驱的思想理论基础，开展对“生活教育”理论的深化研究是极具意义的！生活决定教育，教育必须改造生活。“从定义上说，生活教育是给生活以教育，用生活来教育，为生活的向前向上的需要而教育”。

“生活教育”是活教育。“书是不可以死读的，但是不能不活用。”

“生活教育”是“大教育”。它是包括社会、学校、自然、家庭的整个的教育。

“生活教育”是融合教育。通过德智体美劳、军（军事训练）的融合，让学生成为真善美、智仁勇结合的“整个的人”。

陶行知认为，“知识与品行分不开，思想与行为分不开，课内与课外分不开，做人做事与读书分不开，即教育与训育分不开”。求知、品格、赋能的有机结合是学育方式变革的根本途径。

“生活教育”也是“与时代俱进”的教育。唯有与时代俱进，才能成为促进社会不断发展的现代人。

陶行知先生创立的“生活教育”理论，已经成为时代的显学。它揭示了教育的本质，阐明了教育的职能，把握了现代教育的特征与趋势，极具当代价值，也成为新时代教育改革发展的“路向”之一。

在当代，如何深化研究传承“生活教育”思想？可以说，文献式地把陶行知先生的文章、讲话、书信、诗歌等文献资料结集出版的任务已基本完成，诠释式的解读则远远不够！联系实际研究、践行陶行知思想的传承，即把陶行知思想及其教育主张深化研究，汲取其中的思想内核、当代价值并与当代教育实际紧密结合，瞄准当下教育的新问题、新课题，探索教育改革的新思路、新路径尤为重要。

陶行知本身是教育实践的行动家，其教育思想在本质上是一种实践的教育学说，理论与实际结合是“生活教育”的生命力所在，只有从“行知合一”上理解其思想实质，从理论与实践的结合上深化研究，在学育方式变革上深化改革，才是真研陶！

生活是向个体敞开的含有情境和价值的意义总体，包括：教育生活、社会生活、自然生活，当然也包括家庭生活。我国最早在1903年的《教育泛论》中就提出家庭教育、学校教育、社会教育同为国民教育的三大支柱。

学校教育是教育制度的重要组成部分，起主导作用；社会教育是指一切影响于个人身心发展的社会教育活动，起重要辅助作用；家庭教育则是生活中家庭成员之间相互的影响和教育，有着不可替代之作用。

陶行知先生是把三者有机结合的典范。在重庆育才时，其子陶晓光去找工作，因没有文凭，就找人开了张文凭证明。

陶行知先生知晓后非常生气，对其子说：“宁做真白丁，不作假秀才”，迅即让其退掉。1940 年 11 月 5 日，陶行知在写给陶晓光的信中说：“城（即其四子陶城）每星期六到堡，我也每星期六来一次，教他一些处事待人之方。”

家庭是重要的教育场所。孩子在家的时间远超过在校时间，家庭的环境，父母的行为无时不在影响着孩子的成长；家庭是孩子的第一所“学校”，父母是孩子的第一任导师，而且是一生永恒的导师。学校的教师是可换的，而父母是无法替换的，父母不但给孩子以生命，而且还要塑造孩子的内心世界。学校里一个班，教师要管理四五十个孩子，家庭一对父母只教育一个孩子，而且孩子接触最多的又是父母，对孩子影响最大的也是父母。一个孩子的健康成长将凝聚着家庭几代人的期望，作为 -个家庭，把孩子教育好，比什么都重要。

《陶行知生活教育系列丛书》共分 10 册，依托伟大的人民教育家陶行知先生提出的“生活即教育”“社会即学校”“教学做合一”的教育思想，列举了现实生活中的大量案例，反复论证了“教育与创新”“规矩与成长”“品德与分数”“知识与财富”“尊重与情商”“勤奋与责任”“生存与发展”“音乐与人生”等之间的逻辑关系，强调了父母培养孩子成长、成才的作用，突出了言传身教、行胜于言的风格，提示大家：父母的行为要成为孩子的楷模！使读者不仅读懂家庭教育理论，还渗透了“学为人师，行为世范”的育人风格。

《陶行知生活教育系列丛书》抓住了陶行知思想内在价值与当下教育的契合点、创新点，拓宽了陶行知研究的新领域，较好地回答了当下教育尤其是家庭教育面临的难点、重点问题，在研究的广度、深度上有了新的拓展。内容符合未成年人家庭教育的需要，具有鲜明的时代特征，贴近生活，教育思想观点基本是科学的，具有可操作性。文字通俗易懂，简单明了，写法生动活泼，适合一般文化水平的父母阅读。

（吕德雄　中国陶行知研究会常务副会长兼秘书长，原“晓庄师范”党委书记）

吕德雄

2021 年 11 月 29 日

序三

由周文彪先生总主编的《陶行知生活教育系列丛书》刚定稿，准备付梓出版之际，《中华人民共和国教育促进法》正式发布与实施，这让我们备受鼓舞。这套丛书的问世恰逢其时，也让家庭教育从传统意义上的“家事”变成了新时代发展，民族进步的“国事”！

《中华人民共和国家庭教育促进法》首先明确了家庭教育概念，“本法所称家庭教育，是指父母或者其他监护人为促进未成年人全面健康成长，对其实施的道德品质、身体素质、生活技能、文化修养、行为习惯等方面的培育、引导和影响”，之后强调了“家庭教育以立德树人为根本任务，培育和践行社会主义核心价值观，弘扬中华民族优秀传统文化、革命文化、社会主义先进文化，促进未成年人健康成长”。同时，《中华人民共和国家庭教育促进法》规定了学校等社会力量对家庭教育的协同任务，规定了“国家鼓励开展家庭教育研究，鼓励高等学校开设家庭教育专业课程，支持师范院校和有条件的高等学校加强家庭教育学科建设，培养家庭教育服务专业人才，开展家庭教育服务人员培训”。不难看出，一方面《中华人民共和国家庭教育促进法》从家庭教育概念，家庭教育主体责任、家庭教育的内容和方式，家庭教育工作机制，国家支持家庭教育的举措，社会力量对家庭教育的协同任务以及国家机关、国家工作人员带头做好家庭教育工作七个方面做出了法定职责与实施规制，从而成为每个家庭及社会各方自觉践行的必须；另一方面，《中华人民共和国家庭教育促进法》还强调了家庭教育、学校教育和社区教育密不可分，由此为各方教育的深度融合与协同育人提供了理论支撑与法律保障。

《陶行知生活教育系列丛书》正是符合了《中华人民共和国家庭教育促进法》的要义，从《教育与创新》《知识与财富》《规矩与成长》《品德与分数》《行为与性格》《尊重与情商》《勤奋与责任》《生存与发展》《音乐与人生》《批评与表扬》10个方面列举了大量案例，剖析了人生的十大要素，不仅启发父母更加注重家庭、家教、家风，增加家庭幸福与社会和谐，配合社会与学校把孩子培养成德、智、体、美、劳全面发展的社会主义建设者和接班人，也为各方面开展家庭教育专业的学习和培训提供了有益的参考书目。期望本套丛书的发行，能汇聚更大的力量，让家庭教育为实现伟大的中国梦发挥独特的作用！

（呼中陶　原北京师范大学党委副书记、北京师范大学珠海分校党委书记）

呼中陶

2021 年 11 月 29 日

前言

2016年5月2日《人民日报》发表了《教育改革，要从家庭教育开始》的文章，更加明确了家庭教育的重要性和父母在教育中的责任。

孩子成为一个什么样的人，在某种程度上，首先取决于父母。父母对孩子的“言传身教”往往体现在非智力因素方面，如感恩、尊重他人、基本的规矩等，其实“言传身教”的目的是让孩子成为一个合格的社会人。

但是，目前令人非常遗憾的是：有些父母在孩子的教育上很舍得花钱，不惜砸锅卖铁，却忘记了自己的责任。

当孩子出现问题时，很多父母往往是指责学校、教师和社会，而不是反思自己。

很多专家动辄讲美国教育如何如何好，的确，美国的教育在理念上、方法上，有其先进的部分，有值得我们汲取的地方，但是，我们在借鉴美国教育经验的同时，应当首先补上我们的家庭教育这一课。

因此，我们不需要经常讲美国，而是应当先把本民族优秀的教育观念继承下来，把正确的家庭教育理念发扬光大。父母做到位，正确的理念到位，中国的教育问题才会有根本性的改变。

《教育与创新》这本书，列举了大量的案例，特别强调“教育是创新的基础，创新是教育的结晶，如果把社会比作一台机器，那么，教育就是这台机器的发动机，始终推动着整个社会的发展和进步”。深入浅出地阐明了创新与教育的关系，启发父母从培养孩子成才的角度，配合学校注重培养孩子的创新、创造力。

在书稿完成之际，我们要特别感谢著名家庭教育专家、中国教育学会家庭教育专业委员会原理事长、中国当代家庭教育科学研究的开拓者赵忠心同志，北京师范大学原党委副书记呼中陶同志，北京师范大学资深教授俞启定同志，中国社会福利基金会原名誉理事长缪力同志，中国陶行知研究会常务副会长吕德雄同志在百忙中给予的精心指导；特别感谢中国社会福利基金会、中国教育学会、中国家庭教育学会、中国陶行知研究会给予的大力支持，感谢长期关注生活教育的同仁和北京师范大学珠海分校、暨南大学珠海校区、吉林师范大学分院、《福建基础教育研究》编辑部、湖南工程技术职业学院、范家小学、空直蓝天幼儿园等全国 185 位高等院校、中小幼校（园）长、教师参与研究与实践，使本书圆满完稿。

由于本书的编写时间和编者水平有限，不足之处在所难免，恳请广大读者给予批评指正。

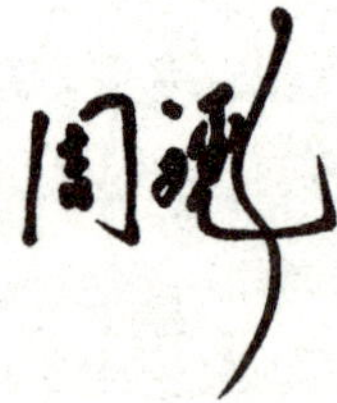

2021 年 11 月 29 日

家庭生活教育的四个维度

1	获取生活兴趣的能力	观察视角：准备 / 倾听 / 互动 / 自主 / 达成
2	与父母的沟通互动能力	观察视角：环节 / 呈示 / 对话 / 引导 / 机智
3	新知识理解与评价能力	观察视角：目标 / 内容 / 实施 / 评价 / 资源
4	家庭环境与文化的熏陶	观察视角：思考 / 民主 / 创新 / 关爱 / 特质

阅读本书的观察视角

1	事前准备	孩子做事前准备了什么？是怎样准备的？
		准备得怎么样？准备充分的概率是多少？
		孩子是否养成了事前准备的习惯？
2	耐心倾听	孩子能否耐心倾听你的话？能耐心听多少时间？
		作为父母你能耐心倾听孩子的心声吗？
		倾听时，孩子有哪些辅助行为？
3	与孩子互动	你与孩子有哪些互动行为？能达成目标吗？
		你与孩子互动的时间、过程、质量如何？
		你与孩子就某一问题讨论的时间、过程、质量如何？
		你与孩子户外活动的时间、过程、质量如何？
		你与孩子的互动习惯怎么样？出现怎样的情感行为？
4	让孩子自主	孩子自主学习（活动）的时间有多少？
		孩子自主学习的形式（探究 / 阅读 / 思考）有哪些？
		孩子自主学习有序吗？有无自主探究活动？
		孩子自主学习的质量如何？
5	目标达成	孩子清楚自己的学习目标吗？
		孩子预设目标达成有什么依据？分几个阶段达成？
		近阶段（1 月 / 半年内）生成过什么目标？效果如何？

6	问题环节	问题是由哪些环节构成的？你是否围绕这些问题沟通？
		这些环节是否面向孩子强调问题的关键点？
		你对不同环节/行为/内容/时间是怎么支配的？
7	正面引导	你是如何引导孩子自主学习/工作/生活的？
		你对孩子与人的合作能力是如何引导的？是否有效？
		你对孩子探究学习是如何引导的？是否有效？
8	挖潜与启智	面对孩子调皮与犟嘴，你的态度和方法有哪些？
		你如何处理孩子调皮和犟嘴？效果怎么样？
		你使用了哪些非言语行为？效果怎么样？
		你哪些行为感化了孩子（语言/体态/表情）？
9	共同思考	幸福生活是否与知识/技能有关？
		对孩子的引导是否有利于问题的解决？
		怎样引导孩子独立思考并自己处理问题呢？
		家庭气氛能否促使孩子独立自主地生活？
10	民主与创新	你与孩子的沟通效果怎么样？
		孩子参与集体活动的时间是怎样的？气氛如何？
		你的行为是否成为孩子的榜样？
		孩子与其他小朋友的关系如何？
		家庭创新设计、情境创设与资源利用有何新意？
		家庭气氛是否有助于孩子成长？你是如何处理的？
		孩子生活有哪些新目标/资源？你是如何处理的？
11	关爱与特质	孩子的生活目标是否面向未来？
		你是如何面对孩子的特殊情况的？
		孩子遇到学习困难时，你是如何关注和引导的？
		家庭环境体现了哪些有利于孩子走出困境的因素？
		家庭环境有助于孩子修正错误、健康成长吗？

目录

Part 1　教育是创新发展的动力

Part 2　多重教育社区之初探

Part 3 创新是教育的灵魂

Part 4 创新思维的养成

Part 5　教育要注重人际交往培养

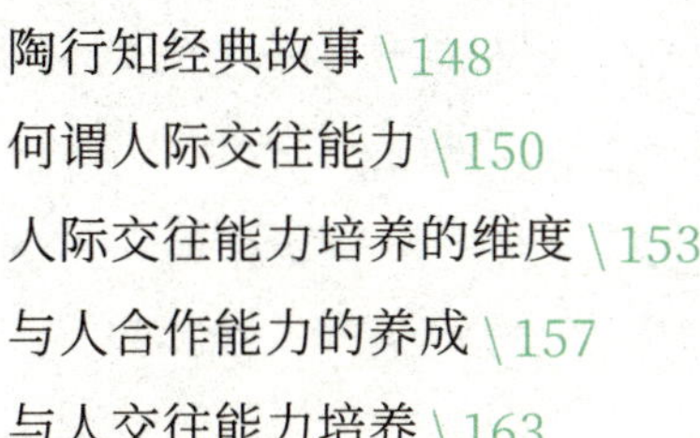

Part 6　教育目的是能力的提升

陶行知说：墨辩分知识为：闻、说、亲三种。说曰："知，知传授之，闻也；方不障，说也；身观焉，亲也。""闻知"，是别人传授进来的；"说知"，是自己推想出来的；"亲知"，是自己经验出来的。以"做学教合一"的理论说来，"亲知"是一切知识的基础；没有"亲知"做基础，"闻知"和"说知"，均是不可能的事体。——因为没有"亲知"作安根。

教育是创新发展的动力

- “做学教合一”的总解释
- 什么是教育
- 何谓生活教育
- 创新在教育中的作用
- 生活角度的调整
- 创新教育的传播方式
- 教育脱离生活的危害

“做学教合一”的总解释

1.“做”字的新定义

“做学教合一”应集中在一个“做”字上面，学是当然的，因为“做学教合一”的理论，也是集中在“做”之一字上。所以必须先把“做”字彻底地说明一番，然后其余的问题，便可迎刃而解了。

“做”字有个特别的定义，这定义，就是“在劳力上劳心”。单纯的劳力，只是蛮干，不能算“做”；单纯的劳心，只是空想，也不能算“做”。真正的“做”是“在劳力上劳心”。

我们“做”一件事，就要想如何把这件事做得好：如何运用书本？如何运用别人的经验？如何改造用得着的一切工具？……如此，才能使这件事做得好。

同时，还要想到这事与别事的关系，这事与别事的互相影响。我们要从具体想到抽象；从我相想到共相；从片段想到系统。这都是“在劳力上劳心”的功夫，不如此，则既不是“在劳力上劳心”，也便不是真正地“做”了。

2.“做”与身体器官的关系

做事必须用器官。做什么事，用什么器官。耳、目、口、鼻、喉、四肢、百体……都是要活用的。所以，有的事，要用耳做；有的事，要用眼做；有的事，要用嘴做；有的事，要用脚做；有的事，要用手做；有的事，要用耳、目、口……一起分工合作。

中国教育普遍的误解，以为是：用嘴讲，便是“教”；用耳听便是“学”；用手干，便是“做”。这般以来，不但是误解了“做”，也便是误解了“学”和“教”了。

我们主张“做学教”是一件事的三方面：对事说是“做”；对自己的进步或退步说是“学”；对别人的影响说是“教”。做要用手，即学要用手，教要用手；做要用耳，即学要用耳，教要用耳；做要用眼，即学要用眼，教要用眼，教要用什么器官，即学要用什么器官，教要用什么器官。

3.“做”与一般工具的功能

“做”不但要用身上的器官，并且要用身外的工具。“做学教合一”的主张是：做什么事，便要用什么工具。望远镜、锄头、斧头、笔杆、枪杆、书本子……都是工具，物虽死，要用活的工具。

中国当今教育界，还有一个更凶的误解是：一提到教育就联想到笔杆和书本，以为教育便是读书和写字。除了读书写字便不是教育。我们既以“做”为中心，那么，“做”要用锄头，教要用锄头；“做”要用斧头，即学要用斧头，教要用斧头；“做”要用书本，即学要用书本，教要用书本。吃面要用筷子，喝汤要用勺子，这是谁都知道的。倘若有人用筷子喝汤，用勺子吃面，大家定不约而同地笑他是个大呆子。但是我们教育界何尝不是很普遍地犯了这个流行症？

中国的教员、学生和一般人的见解，实在太迷信书本了！他们认为书本可以耕田、织布、治国平天下；他们以为要想耕田、织布、治国治天下等事体，只要读读书，就可以会了！

4. 公共的中心

“教学做合一”有个公共的中心，这中心就是“事”，就是实际生活，什么是实际生活？说得明白点，就是日常生活。积日如年，积年为终身，实际生活便是人生的一切。分析开来，战胜实际困难，解决实际问题，生实际的利，格实际的物，爱实际的人，求实际的衣食住行，回溯实际的既往，改造实际的现在，探索实际的未来。这些事总结起来，虽不敢说概括全部人生，但人生除了这些事还有什么？在做这些事上去学，去教，虽不敢说有十分收成，但是教成的与学得的，必是真本领。实行这种教育——做学教合一的学校和社会，虽不敢必其进步一日千里，但是脚踏实地地帮助人类天演历程，向上向前运行，均不至于落空，那是可以断言的。换言之，绝不致教育人类社会没有进化或致退步，这是“做学教合一”可以自慰而为慰人的。

【案例1】

直接的经验就是真知识，真知识是安根在经验里的，但是，样样的知识，都要从自己的直接经验上的来，这是大圣大贤也势所不能的。因为我们若抹杀别人经验里所发生的知识而不去运用，那可真算是大呆子了！

比如：某甲因触电而几至毙命，这是某甲从经验里得来的真知识；假使某乙在旁看见了，她不只运用某甲的经验，而自去触电毙命，事前不会用某甲的经验来求避免以致枉死。我相信这样的大呆子，连枉死城中也不易找得出“凤毛麟角”吧！

比如：接树，这一种树枝，可以接到别的一种树枝上去，使它可以格外繁荣生长，开更美丽的花，结更好吃的果。

【分析】

如果把别人从经验里发生出来的真知识，接到我们从自己的经验里发生出来的真知识上面去，那么，我们的知识必定格外扩充，生活必定格外丰富。

我们应该知道，在“做学教合一”的原则下，最重大的问题是要运用好别人经验里所发生的知识，使它成为我们的真知识，而不要成为我们的伪知识。

【案例2】

火星里的生活，必须到火星里面去过，才能知道清楚。假使我没有去，但至少也要有人到过火星回来，把火星里的生活告诉我，同时我又有足以了解这生活之基本经验，才能间接知道清楚。

火星形成于大约46亿年前。

40亿年前地球开始出现原始生命形式时，火星也曾是一颗温暖湿润的星球。距今40亿年至37亿年间，火星气候环境发生了巨大变化，其大气层丢失了自火星形成以来66%的氩气。

美国“火星大气与挥发演化”探测器（MAVEN）发回数据的最新研究显示，是太阳风将曾像地球一样拥有浓密大气层的火星吹成了现在这样一颗又干又冷、不宜居住的星球。

由于火星大气过于寒冷稀薄，液态水不能稳定存在于火星表面。但多项火星研究表明，火星存在类似干枯河床的地表特征，以及只有液态水存在条件下才能形成的矿物质，这说明火星过去的气候环境与现在大不相同。

【分析】

而根据氩气丢失比率估算，早期火星大气层中的二氧化碳分压曾经至少在100千帕，这一压强水平的二氧化碳足以让早期火星维持一个温暖湿润的环境。

认知：

理解：

做件什么事	怎么做的	做中的感悟

准备：

学会做：

什么是教育

教育通过个体素质的提升，推动整个社会始终向前发展。

“教育是传播社会的经验”这句话不能概括一切教育。假使教育是仅仅把社会的经验传递下去，那就缺少进步的动力，所以与其说“教育是社会经验之传递者”不如说“教育是社会经验之改造者”。

教育上的所谓经验，原有两种意思：一种是个人的；一种是人类全体的。但是经验无论是属于个人还是人类全体，绝无超越时间和空间的可能，我们最多可以说：有些社会经验，是不限于一时代，一地域的。经验又有直接和间接的分别，这当然是不可否认的。

教育是“做”出来的。没有“做”这个根，“想出来的”“说出来的”等一切都是空谈。所谓教育就是人通过“在劳力上劳心”，将“做”出的经验和若干方法以各种形式向他人传递信息，期望以此影响他人的精神或心理状态，帮助或阻碍他人获得某种观念、素质、能力的活动。

教育首先应该给人的是生存的能力，包括体能、体态、体形，如耐力、灵活、速度和力量，保证人的身体健壮成长使其无病无残，具备一定的防灾、抗灾能力而健壮地成长；其次教育是培养人格，包括品德和性情，比如信仰、公德、法制观念、兴趣、性格和情绪等；另外，还要注重潜能和实际技能的开发以保证不断地创新、创造新的生活，促进各种技能的提升（图1）。

教育要使人从旧的观念中解脱出来，产生新的观念、新的思维；教育要克制和修正影响个体发展的不良习气，养成有利于身心健康的习惯；教育要促进个体生存素质和生活技能的提升，促进社会的发展和进步；教育要创新、创造生活的资源，提升学生的生活质量；教育要改良社会，提升个体的生活技能，将旧的变成新的，将落后的变成进步的，不断地吐故纳新、弃旧迎新、变废为宝，促使社会不断地沿着进

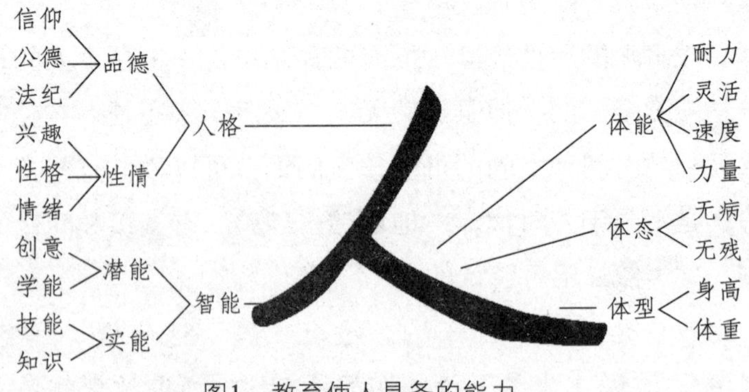

图1　教育使人具备的能力

步的轨道运行。

家庭教育是指在家庭生活中，由父母对其子女实施的教育，包括家庭成员之间相互影响和聘请专门从事家庭教育的人员对其子女的教育。

如果把社会比作一台机器，那么，教育就是这台机器的发动机，始终推动着整个社会的发展和进步。同样，如果把家庭比作一辆汽车，那么，教育就是这辆汽车的发动机，始终带动着家庭向前发展和进步。

认知：

理解：

做件什么事	怎么做的	做中的感悟

准备：

学会做：

何谓生活教育

陶行知先生认为："过什么生活便是受什么教育，过好的生活便是受好的教育，过坏的生活便是受坏的教育。生活教育是人类社会原来就有的，生活便是教育。"就是说，教育的内容是由生活来决定的，有什么样的生活，就要有什么样的教育。

教育是为生活服务的，学生对生活质量和生活水平的期望，就是生活教育追求的目标。教育随生活而来，随生活而去，生活是终生的生活，教育也就终身地伴随。

生活决定教育，教育改造生活。这个改造的过程就是创新的过程，教育是通过生活的创新来进行的，人们对生活所追求的目标就是通过教育培养要完成的任务；人们对美好生活的追求，就是创新教育的教学方向；人们所期望的生活就是教育要传播的内容；生活要遵循的原则就是教育要掌握的原则；生活的方法就是教育赋予的技巧；生活的进步就是教育的发展；生活的变化就是要通过教育的变化来实现。

生活促进教育，教育完善生活。正如陶行知所说："生活教育可以用‘生活的教育’‘为生活而教育’‘用生活来教育’来概括。”

1.生活决定教育

陶行知说过：教育的目的由生活来决定，要过什么样的生活，就要接受什么样的教育，接受什么样的教育，就过什么样的生活。教育的内容由生活来决定，生活需要什么内容，教育就给什么内容。

人生要读懂两本书：一本是有文字的书；一本是没有文字的书，这没有文字的书，就是生活。人们常说的“读万卷书，行万里路”就是这个道理。读书是学习，行路也是学习。

教育的原则由生活来决定，生活禁止的东西，教育禁止；生活崇尚的东西，教育崇尚；教育始终使生活安全、有序、健康地运行。

2.教育来源于生活，又服务于生活

把生活的资源作为教育的资源来培养，鼓励孩子在生活中不断地创新、创造，在生活中创造，在生活中发明，并在发明、创造中提升素质，进而提升孩子的生活能力。

生活不仅对教育的产生和发展提出了客观要求，也为教育提供了创新的资源。生活是教育的动力源，创新是教育实践活动的根基。

教育因人的生存和发展而产生，随人的生活变化而变化，没有了人的生活也就没有了人的教育。也就是说离开了生活需要，教育就失去了存在的必要。

3.教育蕴含于生活之中，通过和生活的结合发生作用

既然生活包含万状，凡人生一切所需皆属之，那么，教育也应包罗万象，有什么样的生活就要有什么样的教育。

孩子的生活内容、生活方式变了，生产工具变了，教育的内容、教育的方式以及学习的工具、学习的方法、学习的内容也应随之改变，只有这样，教育培养的产品才能适应生活的需要。

（1）生活通过创新形成知识产生教育

生活通过约定俗成或社会约束的道德修养，将孩子在日常生活、健康生活、道德生活、学习生活、职业生活、休闲生活中必备的、适宜生存发展需要的要素组合在一起，形成知识，产生了教育。

（2）教育不是外加于生活的

教育与生活之间存在着不可分割的联系，即“生活是建构教育的基础和依据”。一方面，不同的生活方式、生存状态和生活目的与不同的教育相适应；另一方面，孩子在生活中创造文化，形成教育的内容，促使新的生活、新的文化产生。

生活通过教育来创新，促使个体均衡发展和进步，使个体生活不断地更新和进步，带动整体生活的进步和发展，提升生活质量，促进社会的发展和进步。

4.教育通过生活来创新并发挥作用

生活和教育是同一过程，教育含于生活之中，教育必须和生活结合才能发生作用。一方面是生活本身含有教育意义，另一方面是学校、社会和家庭生活是相互融合的。

父母和教师都应将在生活创新中总结知识、技能和技巧并以“爱”的方式释放给渴望知识、技能和技巧的孩子，让生活中的知识、技能和技巧像空气一样，涤荡于乾坤，弥漫于宇宙，使人人都得以呼吸。

【案例1】

小时候的袁隆平很顽皮，被称为“调皮的小马驹”。

少年时他经常闯祸遭罚，做事笨手笨脚。父母想训练和调动他的积极性，要他帮助拿碗，碗摔破了；要他拿杯子，杯子掉到地上。父母没有因为他摔坏了东西便停止差使他，相反更频繁地让他参与。

袁隆平好奇心特强，有什么问题一定要追根究底，父母常不厌其烦地给予解答。

母亲贤惠善良，酷爱花卉。母亲摆弄花卉的时候，“小马驹”在一旁手忙脚乱地“帮忙”。他爱动脑子，自己感兴趣的必亲自体验。比如，第一次看到荞麦粉，他想弄点尝尝，结果弄得整个人成了白粉人；看到木匠钉钉子时嘴衔铁钉，他也拿一个衔在嘴里，一个跟斗，铁钉掉进肚子，送到医院才取出来……多年后，同行们引用学术用语与他开玩笑：“袁教授，你有那么多常人没有的优点，是不是杂交造成的？”袁隆平回答：“差不多吧，母亲江苏人氏，父亲江西人，个性不同，父亲小聪明多，母亲聪慧善良。”这虽然是说笑戏言，但事实上他确实从父母身上得到了丰厚的营养。

【分析】

袁隆平的成功与其从小喜欢做事分不开，他获得与应用的大部分知识，都是他“亲知”而来的，成功不仅仅是源于他对各类事物的兴趣，关键是他善于“做”，善于“实践”，善于总结。

【案例2】

小霞的妈妈自从小霞上幼儿园开始，就规定她自己的手帕自己洗。从四岁开始，就让小霞负责倒垃圾，每天和家人一起打扫卫生。五岁后，让小霞到职工食堂为全家人打饭，也不告诉她应该买什么，让她自己看着办。

开始的时候，小霞不是买多了就是买少了，妈妈就提醒她要买合适的量，不久，小霞就自己摸准了全家人的饭量，买来的饭菜刚好能够吃完。

六岁后，妈妈就让女儿单独到附近的商店购买日常生活用品。

上学后，无论书包多沉，妈妈都让女儿自己背。

小霞的乖巧懂事让认识她的叔叔阿姨十分赞赏，总是用羡慕的语气对小霞的妈妈说：“你的女儿真懂事，你把孩子教育得真好。”

【分析】

小霞如此乖巧懂事，她的知识哪里来的呢？在生活中，在做事中，小霞的妈妈通过让小霞做事，使她掌握了许多在书本上难以获得的知识，成为一个人人都喜欢的孩子。

认知：

理解：

做件什么事	怎么做的	做中的感悟

准备：

学会做：

创新在教育中的作用

教育就是创新，创新的空间就是教育的空间，创新是实在的创新，教育也就是实在的教育，创新为教育提供一个个实在的范例，使教育不至于在真空中建构。

陶行知把生活的创新当作衡量教育、学校、书本质量的标准。他说："没有生活做中心的教育是死教育，没有生活做中心的学校是死学校，没有生活做中心的书本是死书本，在死教育、死学校、死书本里鬼混的人是死人。"

如果我们把家庭教育当作改造家庭生活的出路，教育就能打破死读书、读死书、读书死的传统习性；就能做到随手抓来都是学问，都是本领；就能不断地增加孩子的知识，增加孩子热爱生活的力量，增加家庭不断进步的信心。

1. 生活的创新丰富孩子的学习内容

孩子在生活中从事什么样的劳动，就会产生什么样的知识；提升什么技能，就会通过生活能力的提升，使生活质量、生活水平得以提升和丰富。

2. 创新教育培养孩子健全的品格

孩子利用在创新中的各种技能，不断繁殖出新的技能，通过有计划地传播与交流，不断积累丰富的创新经验，掌握精湛的创新技术，达成手脑并用、智德兼修、知行合一，健全自己的人格。

3. 创新教育中体现着人生价值

创新的核心是求生存，而创新教育的根本意义就是促使孩子的生活变化，促使生活素质和生活技能提升，建构健全的生活，体现人生的价值。

4. 创新教育通过个体素质提升，促进社会进步

创新教育通过家庭成员个体素质的提升，不仅促进孩子发展和进步，也有助于社会的发展和进步。

【案例1】

著名教育家陈鹤琴有意识地用音乐来丰富孩子的生活。陈家住在上海寓所时，每天晚饭之后的一段时间，往往是一家人最热闹、最快乐的时光。这时候，七个孩子和爸爸妈妈聚在一间屋子里。妈妈和大女儿秀霞弹琴，大家一起唱歌。唱中国歌曲，也唱外国民歌。一首唱罢一首又起，歌声琴声，汇成了一种和谐欢快的气氛。

有时候，孩子们要求爸爸表演。陈鹤琴就弹起那把从美国带回来的曼陀铃，唱在英国曾同黑人一起弹唱过的民歌。孩子们或托腮静听，或轻轻哼唱。

陈鹤琴的嗓子并不算太好，但他激情饱满，唱得非常投入，具有感染力。

【分析】

陈鹤琴说：“家庭中有了歌声，如有了生气一般，试想一个家庭，吃完晚饭后，父母子女团聚一室，同唱同歌，这是何等有趣的事情！一日之间，有了这种团聚，不但于精神上发生无穷的快乐，感情上也可更加融洽，所以家庭中不可没有乐歌。”意思是说：家庭环境对孩子成长的作用是无限大的。

【案例2】

高一学生王红（化名）是一个非常阳光的大男孩，回顾自己的成长经历，他写了一篇作文《懒爸爸》。为什么称为“懒爸爸”呢？他列举了这么几件事：

记得小时候，我走路不稳，摔倒在地上，哭着要爸爸把我扶起来。爸爸用鼓励的眼光看着我，不紧不慢地说：“你自己能起来嘛！”我只好自己起来。

运动鞋脏了，妈妈要给我洗，爸爸却说：“让他自己洗嘛！”爸爸不替我洗也不让妈妈帮我洗，我只好硬着头皮自己洗。

看书时有的字不认识，我去问爸爸。他说：“你自己去查字典嘛！”我做作业有的数学题不会做，去问爸爸，他又说：“你自己搞清楚已知条件和未知条件的关系嘛！”

爸爸听收音机特别喜欢听新闻，一天，他说：“收音机刚换了电池，为什么不响了？”我胆怯地说：“可能出毛病了。”他让我试着修理，还给我找来了万用电表。我按照收音机安装电路图，用万用电表反复检查，终于找到了毛病。

现在可好，家里的收音机、录音机坏了，都“请我”帮忙修，我美得不得了。就这样，爸爸“懒”得做的事，“懒”得告诉我的事，我自己都学会了。

最后，王红发自内心地深情写道：“‘懒’爸爸，你的良苦用心，我领会了！”

【分析】

“运动鞋脏了，妈妈要给我洗，爸爸却说：‘让他自己洗嘛！’”看书时有的字不认识，我去问爸爸。他说：“‘你自己去查字典嘛！’”这才是“真教育”，孩子自己的事，让他自己做，在做中给予适当的引导，促使孩子不断进步，而不是事事都“包办代替”。

认知：

理解：

做件什么事	怎么做的	做中的感悟

准备:

学会做:

生活角度的调整

父母要孩子创新生活，就要从孩子个人的角度给予适当地调整，如果孩子感觉自己在创新方面有所欠缺，要在以下方面做调整。

1. 创新需要一种积极健康的精神状态

创新存在于个人的心智之中，孩子是否具有这样的心态是能不能有所创新、有所发明、有所创造的关键。

2. 创新需要“破框思维”

墨守成规，不敢越雷池一步，就会把自己的观念与思维囚禁在旧的模式和框架中。要创新，必须敢于“破框”，勇于突破心智的枷锁，解放思想，推陈出新。

3. 创新需要独立思考，敢于质疑，敢于挑战权威

创新需要知识，要不断学习，不断充实自己；创新要有主见，学会独立思考，不能人云亦云；创新需要质疑精神，善于发现问题，敢于质疑，大胆假设；创新需要严谨的科学态度和实证精神，反复实验，小心求证；创新是对传统的突破和对权威的否定，既需要闪烁着真理光芒的真知灼见，也需要捍卫科学、崇尚真理的无畏精神。

【案例1】

著名教授普朗克和儿子在自己的花园里散步，他神情沮丧，很遗憾地对儿子说：“孩子，十分遗憾，今天有个发现，它和牛顿的发现同样重要。”他提出了量子力学假设及普朗克公式。他为这一发现破坏了他一直崇拜并虔诚地信奉为权威的牛顿的完美理论感到沮丧。他最终宣布取消自己的假设。人类本应因权威而受益，却不料竟因权威而受害，由此使物理学理论停滞了几十年。

后来，25岁的爱因斯坦敢于冲破权威圣圈，大胆突进，他在普朗克假设的基础上向纵深引申，提出了光量子理论，奠定了量子力学的基础。

随后，爱因斯坦又锐意突破了牛顿的绝对时间和空间理论，创立了震惊世界的相对论，一举成名。

【分析】

儿童有一种与生俱来的“内在生命力”，这种生命力是一种积极的、活动的、发展着的存在，它具有无穷无尽的力量。教育的任务就是激发和促进儿童“内在潜力”的发挥，使其按自身规律获得自然地和自由地发展。这些警示名言提醒父母：当今的时代，父母为孩子设计的多，发现孩子创造力的少。

【案例2】

把拉链翻一面，你会看见什么？大多数人觉得这个问题很普通，但这恰恰是隐形拉链的基本原理。

浔兴股份公司总裁施能辉说：创新其实不神秘，在某种意义上还挺简单。

尤其是用在女孩身上的隐形拉链非常受欢迎，很有市场空间。这种拉链将金属链条隐藏在衣服背面，而衣服正面却看不见链条。

把拉链放大和隐形拉链同样独到。浔兴一款用在背包上的大拉链，比普通拉链大上几倍。

许多人看到这个大拉链的包，觉得很特别。装有普通拉链的背包，卖几十元，这款大拉链的背包可以卖到100多元。

【分析】

收获的不仅是销量，施能辉认为：这个新产品创造了很高的效益，但更大的收获是创造。许多人看到这个大拉链的包，觉得很特别。价格上也比普通拉链的背包多卖几十元。

认知:

理解:

做件什么事	怎么做的	做中的感悟

准备:

学会做:

创新教育的传播方式

创新教育的传播形式有很多种，我们可以根据孩子的情况不同而定，如信息传播、情感传播和行为传播。

1.信息传播

信息传播就是把孩子在自然界获得的与当下不同的信息传播给还没有获得这一信息的人，使之获得新消息。

信息传播是整个教育活动中的一部分，也是家庭存在及发展的基础，信息传播的目的是使孩子不断掌握创新经验、技术和文化知识并得以传承。

2.情感传播

情感是人们利用人与人之间的情感，以爱的角度了解客观事物是否满足需要而产生的一种体验。

情感传播的形式很多，如友情、幸福、仇恨、厌恶、美感等，当这些情感发生时，人们会不自觉地产生一种生理反应，如喜、怒、哀、乐、恐、惊、忧、思等，这种生理反应越强，情感传播的速度就越快。

3.行为传播

行为传播是指人的行为对他人的影响，行为传播的目的是对他人产生影响，如父母的行为始终影响着孩子素质的全面提升，即德、智、体、美、劳全面发展。

行为传播尤其重视个人素质和技能的有机结合，重视以身作则、因材施教等。

父母重视行为传播就要从德、智、体、美、劳等方面来时时评估孩子在父母影响下的素质水平，即如何促使孩子健康成长。

【案例1】

赵小兰是美国历史上第一位担任内阁部长的美籍华人。“没有那样成功的家庭教育，很难有赵小兰今大的成就。”

赵小兰家虽然富裕，但每天早上闹钟一响孩子便自觉起床，由姐姐带头赶校车上学。父母要求孩子自己洗衣服、打扫房间。闲暇时，父母还要六个孩子分担家里的琐事。

每天早晨上学之前，她们要检查自家游泳池的设备，捞出脏东西。

每到周末，她要把两英亩大小的院子里的杂草和蒲公英拔掉。她家门前长达120英尺的车道全是柏油路，都是她们几个姐妹自己铺的。

每到晚餐之后，母亲跟着孩子一起读书，父亲处理公务。他们每年安排两次全家的旅游，从选择地点、订旅馆，乃至吃饭的餐馆，完全由孩子负责。

【分析】

每个星期天，午餐后的点心时间，则举行每周一次的家庭会议，每个孩子说自己新的想法、收获、提出计划。如同母亲所讲："家园！家园！这个园地是一家人的，每个人都有责任！"

【案例2】

这是两个孩子和两个父亲的故事。

第一个孩子是班上的优等生，每次考试总会有几个同学的成绩排在他之前，他从未拿过头名。

"爸爸，为什么我总也超不过前面那几个同学呢？"孩子一脸愁云。

父亲没有回答，而是拿来一张白纸，在上面画了一条长长的线说："你有办法让这条长线变短吗？试试看！"孩子绞尽脑汁，想了许多长线变短的办法，结果都无济于事。

父亲依然没有说话，只是拿起笔在那条长线下面画了一条更长的直线……

"哦，爸爸，我懂了！要胜别人一筹，要超过别人，最好的办法就是努力使自己做得比别人更出色、更优秀。"孩子恍然大悟。

第二个孩子是班上的小队长，他总想着怎样尽快熬到中队长的位子，却总是事与愿违。

孩子忧心地问父亲该怎么办？

父亲没有回答，而是兴致勃勃地和孩子下起跳棋来。孩子的棋技不比父亲差，可最后还是败下阵来。

"这里有个诀窍，要在下棋中获胜，只想着在自己前行中搭桥还不行，还必须在关键的时刻拆别人的桥，让他举步维艰……"

“哦，爸爸，我懂了，要超过别人最有效的办法不在于如何为自己搭桥尽快前行，最根本的是善于阻止别人超过自己。”孩子茅塞顿开。

多年后，两个孩子长大成人，走上各自的岗位。

第一个孩子以父亲的“长线”理论指导自己，所到之处，单位垂青，事业有成。

第二个孩子以父亲的“拆桥”理论做航标，结果不仅没有功成名就，而且根本没有单位接纳他。

两种家教，给孩子换来的是两种不同的人生。

【分析】

两个孩子和两个父亲的故事提示我们：不同的家庭教育方法，换来的是两种不同的人生。第一个孩子事业有成；第二个孩子没有单位接纳。

认知：

理解：

做件什么事	怎么做的	做中的感悟

准备：

学会做：

教育脱离生活的危害

教育一旦脱离了生活，就失去了目标，朝着与其相反的方向发展，目前，脱离生活的家庭教育主要表现在两个方面。

1.“补习班”的教育

我们知道教育的关键在“育”，“教”只是“育”的手段和过程，“补习班”大多只停留在“教”上，很难完成“育”的任务，因此，他们所谓的“教育”就是为了“收学费”，为收孩子学费，想办法达到“应试教育”指定的学习目标，而“应试教育”给孩子的学习目标就是要“考高分”，“补习班”便为孩子“考高分”而拼搏，于是，猜题、押题成了“补习班”的核心，只要能让孩子“考高分”，就能收高学费，收高学费便成了“补习班”的教育任务。

“收学费”使“补习班”完全掉到“钱眼”里了，“补习班”的一切工作，都围绕着“收学费”，“收学费”成了“补习班”的教育目的。

这种“收学费”的“补习班”教育不考虑孩子的生活需要，也不顾及孩子的个性、性格和爱好，更不会考虑孩子的品德修养、个性发展和职业前途，只是一味地“收学费”。

教师为“收学费”而“教学”，学校为“收学费”而办学，“补习班”的一切工作都围绕着“收学费”转。“补习班”招生中仅凭孩子、父母一时的欲望，不对孩子做任何的人生规划，不考虑孩子的发展前途，不择手段地向孩子“收学费”。

决定“补习班”教学方向的是孩子交的“学费”，决定教师教学的是“学费”，决定孩子学业的也是“学费”。什么教育方针，什么办学目标，全部是空谈。办学只有一个中心：“收学费”。孩子毕业一张考卷定终身，只要考试及格，一纸毕业证书定乾坤。

教师用来控制孩子的就是“考考考”，“考考考”教师的法宝，“分分分”孩子的命根。

教师以考试为“法宝”，学生为分数而拼命，至于什么是教育，如何教育等问题，早已抛到脑后。

这种“收学费”教育，不仅给孩子带来了危害，也伤害了家庭和社会。

父母的教育投资难以收回，孩子追寻的职业难以达标；社会急需人才得不到正常培育，社会难以找到适合岗位的人选，不但如此，孩子对学习没有了目标，失去了方向，甚至自暴自弃，课堂上便出现了“昏昏欲睡”“应付考试”的怪现象，“收学费”的教育使孩子沾染了一些不良的“习气”和“嗜好”。

2.“强迫型”教育

“强迫型”教育使父母为了让孩子尽快完成教师布置的作业而强迫孩子学，不管孩子现实生活是否需要，也不考虑孩子将来的需求，只是一味地拿着教师布置的作业，拿着书本“灌”，教师“照本宣科”，满堂“空话、大话、假话、不切实际的话”一大堆，父母也跟着学。

“强迫型”教育偷换了“学习”的概念，“学习”的主体不是孩子，也不是教师，而是“课本”，教师总是课本上怎么说，就怎么“教”，孩子就怎么学，怎么背，背不会就不给“及格”，不让“毕业”，甚至还会遭到父母的一顿“棍棒毒打”，什么素质不素质，技能不技能，只要完成作业，考高分就是好孩子。这哪是教育啊，分明是在摧残！

“强迫型”教育执行的是学校统一制定的教材，千篇一律，不管孩子将来做什么都强迫学；教学内容是统一制定的，父母一味地要求孩子“死记硬背”，致使孩子为“考试”而“学习”，忽略了孩子实际生活的需要，只是为了一纸“毕业证书”而学习。

“强迫型”教育导致学校把“教学”和“就业”片面地

“捆绑”在一起，所谓负责任的学校，孩子毕业后给“找个工作”，不管孩子适应不适应，“强拉硬扯”地把“学业”往“职业”上“拖”，企图让孩子的个性、性格和爱好“机械”地服从于“职业”。

事实上，这两种教育都是“脱离生活”的教育，不仅违背了教育的规律，也违背了人类生存发展的规律，背弃了“教育”促进“成长”的规律，损害了孩子的身心健康，扼杀了孩子创新、创造的天性，阻挠了人类社会的发展和进步。

【案例1】

中国新闻网报道了一则新闻，一位网友上传到网上论坛的一段视频记录了某天中午在某小区门前发生的令人震惊的一幕。

一位父亲教子心切，把年仅7岁的亲生儿子用绳子捆绑起来欲放入河里，目的只为逼孩子做好算数！记者随即与该论坛负责人取得了联系，证实了视频的真实性。

一名7岁的孩子，因为不想做数学题，被父亲施以暴力，冷酷传递出“学就是生，不学就是死”的信号。

【分析】

若不是“暴力促学”的主观意图，公众会毫不迟疑地指责他“虐待幼童”吗？即便如此，暴力逼迫孩子学习不仅不可取，而且涉嫌违法，哪怕是以“狼爸”“虎妈”之名。

【案例2】

2004年，《中国教师》杂志对儿童的生存状态调查发现：833名从小学一年级到高中三年级的学生中，有47%的学生认为自己的童年不快乐。其主要表现是：受考试折磨、没有自由、压抑、紧张、忙碌。其中，考试是学生认为童年不快乐的主要原因。学生的年龄越大越觉得自己的童年不快乐。

一位每逢考试就会犯“间歇性精神错乱”的学生，高考后被某大学录取了。后来是他给中学班主任的信揭了谜。

原来，为了逃避每月一次的考试排名和在排名中总位居30多名时所遭受到的同学的鄙夷目光、父母的数落和自己的失望，他精心设计了骗局，一遇考试就精神错乱。

为了避免他再次“犯病”，学校允许他把考卷作为作业来完成，也不参加成绩排名。

父母也不再苛求他的成绩，担心他会因学习而熬坏身体。

父母丢掉了过重的幻想和期望后，生活也开始变得轻松。他自己也没有了来自家庭和排名的压力，心情变得舒展，学习也感到了轻松，学习效果才变得更好。

【分析】

从案例中我们不难发现：我们的教育存在着以发展人的单方面素质或通过考试选拔人才的问题，把单纯提高学生的应试能力作为学校的唯一追求而成为片面教育，成为学生各方面素质发展的最大绊脚石（图2）。

认知：

理解：

做件什么事	怎么做的	做中的感悟

准备：

学会做：

本章盘点

◎小问题

回答下面的问题，帮助你理解创新教育在家庭教育中的必要性。

1.创新教育的目的是什么？

2.创新教育首先要做到什么？

3.学习的主体是谁？

4.创新教育应具有哪些环节？

5.创新教育有什么效果和表现？

6.受教育和掌握知识有什么区别？

7.创新教育的方式不同，其效果有哪些不一样？

8.生活中需要创新教育的问题有哪些？

如何做更好的父母

◎收起你的懦弱，摆出你的姿态，在对孩子教育时，不要打击孩子的积极性！

◎就算周边的人（含家庭成员）都否定你对孩子的教育，你也要坚持不要管别人的看法。

◎脚下的路是自己走出来的，总是犹豫不决，不如勇敢地踏出一步，要相信，世上本没有做不到的事，只有不敢尝试的人。

◎不管孩子如何尽心尽力，都可能不被欣赏，总有人认为他不够好，不管别人怎么看，你都不能放弃！

“管理好自己”思考题

【反向思维】

◎教育没有用，孩子就是不愿意学习！

◎对孩子教育到位了，孩子还是不学习！

◎孩子与我的教育观念，道不同不相为谋！

◎对孩子教育不到位很丢人，怕被别人瞧不起！

【正向思维】

◎对孩子正确教育之后，家庭和睦了！

◎对孩子正确教育之后，孩子的能力提高了！

◎对孩子正确教育之后，父母与孩子相处更融洽了！

◎对孩子正确教育之后，父母与孩子的误会没有了！

与心对话

每日一问：

家庭生活中总有一些磕磕绊绊的冲突点，很多事情都需要教育，你面对这些家庭琐事是怎么解决的呢？你身边的家庭又是怎么处理的呢？

请将在家里看到的对孩子进行教育的事记录下来：

陶行知说：我们主张“社会即学校”，是因为在“学校即社会”的主张下，学校里的东西太少，不如反过来主张“社会即学校”，教育的材料，教育的方法，教育的工具，教育的环境，都可以大大地增加，学生、先生可以多起来。

多重教育社区之初探

- 陶行知经典故事
- 多重教育社区的概念
- 多重教育社区的意义
- 多重教育社区关注的问题
- 构建多重教育社区的准备工作
- 多重教育社区的课程教学

陶行知经典故事

早在办晓庄师范学校的时候，陶行知就提出了“生活即教育、社会即学校、教学做合一”的教育理论，教导师生们与劳动人民相结合，教人民进步者，拜人民为老师。

山海工学团刚成立的时候，农民的孩子有了读书的地方，烧香拜佛的红庙成了教室，可是没有孩子们用的桌椅。上课的时候，同学们带来自己的凳子，有大有小，高低不一。

一星期以后，学校请来了木匠师傅，他闷着头做凳子，一天能做好几个。陶行知走过来，看见木匠师傅满身是汗，就递给他一杯水，说：“我们不是请你来做凳子的。”木匠疑惑地望着陶行知：“那叫我来做什么？”“我们是请你来做‘先生’的。”“我可不识字。”木匠慌了。

陶行知笑着说：“我是请你来指导学生做木工的。你如果教会一个人，就可得一份工钱。如果一个也没教会，那么就算你把凳子全做好了，还是一文工钱也得不到。”木匠显出为难的样子。

陶行知亲切地说：“不要紧，你不识字我们教你。我们不会做木工，拜你为先生。我第一个向你学。”说着，陶行知拿起一把锯，对准木板上划好的线就吭哧吭哧地锯起来。

第二天，广场上摆着木匠工具，老师带着孩子们来学做凳子。有个小朋友嘟囔着：“我们是来读书的，不是来做木匠的。”一个大人看见孩子拿起工具，不小心就很容易弄破手，也皱起眉直摇头。

陶行知笑着说：“我有一首诗读给大家听听：‘人生两个宝，双手与大脑。用脑不用手，快要被打倒。用手不用脑，饭也吃不饱。手脑都会用，才算是开天辟地的大好佬。’你们看写得如何？”小朋友都拍手说好，那个大人也不好意思地笑了。

从此，每天孩子们都学做凳子，他们也当小先生，教木匠师傅认字。3个月后的一天，教室里的50个孩子，都坐着自己做的凳子。讲台上还有孩子们自己制作的杠杆、滑车等玩具和仪器。父母们挤在窗口、门外，信服地点头叫好。

陶行知在讲台前，念起了一首刚写好的诗：他是木匠，我是先生。先生学木匠，木匠学先生，哼哼哼，我哼成了先生木匠，哼哼哼，他哼成了木匠先生。孩子们看看坐在他们身边一起听课的木匠，大家都笑了。

姚文采是陶行知的同乡，陶行知请他到晓庄学校教生物课。第一次上课，陶行知就让他先把书本摆到一边去，要随时教育、随地教育、随人教育。姚老师教了10多年生物课，从来没有不带书本去上课的时候，他弄不懂陶行知是什么意思。傍晚，他看见陶先生与两个叫花子在亲热地交谈。

陶先生和那两个人谈完话，就叫学生领他们去洗澡，然后告诉姚文采：这是我从南京夫子庙请来的两位老师，来教大家捉蛇。晓庄附近有许多蛇，经常咬伤人，让蛇花子来教大家捉蛇，你看怎么样？姚文采没说话。蛇花子开始为晓庄师生上生物课了，课堂就在山里。几天以后，最胆小的女孩子也敢捉蛇了，她们说：只要击中要害，蛇并没有什么可怕呀！大家还懂得了蛇没有脚为什么跑得快，蛇没有耳朵怎么听得见声音，以及蛇是老鼠的克星等知识。姚老师终于理解了陶先生的用心。他带领学生采集标本；把挖草药的老农请来教认草药；请种花木的花匠来教种植花木的方法；请中国科学社的专家来教怎样辨别生物科别及定学名。晓庄附近的花草树木都挂起了学名牌，生物课从此上得生动活泼。陶行知身为高等学府的教授、全国著名的教育家，却没有一点架子，时时注意拜普通的劳动人民为老师，他是我国千百万教师的楷模，更是知识分子最早和劳动人民相结合的先驱。

多重教育社区的概念

1. 教育社区（EC，Educational Community）

教育社区是指实施教育活动的真实的和虚拟的区域，教育社区内的教师和学生可以共享教育环境和共享教学资源，学生可以聆听教学讲座，同时教师和学生可以平等讨论问题，通过实验证实理论甚至解决问题和实现知识创新。

2. 单一教育社区（SEC，Single Educational Community）

教学模式具有共性的某一区域为一个单一教育社区。比如，校园社区、虚拟社区、博物馆社区等。某一单一社区的教育资源常常来自其他不同的社区，比如，虚拟社区的教育资源可能来自校园社区（如实验教学录像），也可能来自工业企业社区，虚拟社区将这些教育资源整合和虚拟化，采用网络教学方法教学。

3. 多重教育社区 (MEC, Multiple Educational Community)

多重教育社区是为了完成某一个教学过程时采用多种不同的单一教育社区的资源组合成的一个整合教育社区。

多重教育社区的学习要在多个不同社区完成学习过程，既包括校园社区，也包括非校园社区；既包括虚拟社区，也包括非虚拟社区。现代教育正在由传统的单一校园教育社区转型为由校园社区、博物馆、科学公园、影剧院和自然景区、政府机构和企业社区、家庭社区、虚拟学习社区等多种社区组成的多重教育社区。

从空间上讲，不同的单一教育社区可能位于不同的地理位置；从时间上讲，每一单一教育社区负责完成多重教育社区整个教学过程中的某一个教学步骤。

多重教育社区可以表达为：

$$MEC=\sum_{1}^{n} SECi=\text{校园社区}+\text{虚拟社区}+\text{博物馆社区}+\cdots\cdots$$

多重教育社区中的教学活动实施者不仅包括学生和教师，还包括教育研究者与科学家、企业和事业机构工作人员、家庭成员和居民，公民不仅仅具有接受教育的权利，还具有以不同方式贡献和参与教育活动的责任。

举例来说，一个药学专业的本科毕业生在大学校园内完成自己的基础课程和专业课程的学习，部分课程是在虚拟社区完成，如翻转课堂课程，毕业论文是在一家校园外的制药公司从事某种药物质量控制的药物化学分析方法的研究，那么，这个学生是在三重教育社区完成了自己的学业：校园社区+虚拟社区+企业社区。

学生学习高等数学课程微积分某个章节，使用翻转课堂的教学模式，那么这个学生这个章节的学习是在双重教育社区完成的：虚拟社区+校园社区（课堂）。

4. 中心教育社区 (CEC, Central Educational Community)

中心教育社区指主导和实施教学活动的社区。现代教育的中心社区大多为校园社区，可是相当多业余教育、继续教育的中心社区为虚拟社区。中心教育社区常常也是某一个单一教育社区，但是中心社区除了具有某些教学功能，还具有整合和管理多个单一教育社区资源的功能。

大学的校园社区作为中心社区整合多个社区的资源，比如说教科书，教科书的内容来自校园内和校园外不同历史时期、多个社区、多学科的科学研究成果，这些成果来自校外的其他机构——研究所、大学、企业等，甚至不同国别和地区。

多重教育社区也可以表达为：

$$MEC = \sum_{1}^{n} SECi = \text{校园社区} + \text{虚拟社区} + \text{博物馆社区} + \ldots\ldots$$

育社区……

现代的全日制大学或者初等、中等学校及幼儿园的多重教育社区可以表达为：

$MEC=\sum_{1}^{n}SECi$=校园社区（中心教育社区）+虚拟社区+博物馆社区+……

网络学院的多重教育社区可以表达为：

$MEC=\sum_{1}^{n}SECi$=虚拟社区（中心教育社区）+校园社区+博物馆社区+……

认知：

理解：

做件什么事	怎么做的	做中的感悟

准备：

学会做：

多重教育社区的意义

翻开中国乃至世界教育史，多重教育社区在很早以前就已存在。即使在虚拟教育社区尚未出现的时代，家庭、博物馆和公共图书馆教育等都被认为是学校教育以外非常重要的教育方式。

在20世纪的60年代至70年代，学生除课堂学习，还走出校园学工、学农，20世纪80年代还采用过第二课堂的教学方法，现在高等学校倡导的产学研结合的办学模式也是一种多重教育社区的模式，自20世纪90年代开始的虚拟与非虚拟混合型学习方式中，特别是翻转课堂的教学模式中，采用了虚拟课堂+校园课堂的双重教学社区模式。在大学的学科教学模式中，无论过去和现在都采用了多重教育社区的教学方法，比如，医学院校的临床医学专业的学生在校园以外的临床教学医院的实习和训练，社会学系的学生要从事田野调查，地理学系的学生要进行山川游历，师范院校的学生要去本校以外的学校教学实习，工程学专业的学生要在高技术企业从事设计实践等。

当下，为什么要再次强调多重教育社区的概念呢？

1. 应试教育对于非课堂教学模式的淡化

应试教育正在淡化学校课堂教学以外的教学形式的作用，一些学校证书和部分职业资格证书的获得对于校园或者虚拟教育以外的教育几乎是不计成绩的，这样，今天学校培养出的人才能力在下降，逐步远离社会对于学校的期望。但是，作为学生知识结构的重要组成部分以及实际工作能力的训练，多重社区的教育是必不可少的。从教育方法学角度看，无论是在认知能力，还是创造力和社会适应能力的培养上，多重社区的教育都是较单一社区教育更为优越的教学模式。

2. 来自校园社区以外的教学模式的挑战

今天受教育者接受教育的方式在发生变化，以校园社区为中心的教育方法正在受到虚拟社区的挑战。

人们不难发现，对于新一代学生，虚拟游戏的吸引力超过课堂教学，虚拟教育的方法正在逐步弱化校园社区传统课堂教学的作用，科学幻想影视、博物馆及电子阅读也在深刻影响着现代学生的教育，这些已是人所共知的现实，因此，分析校园以外的教学模式在教育中的作用，以及如何将其作为整个教学计划的一个部分纳入教学体系是目前应该关注的问题。

3. 目前采用的教育模式的局限性

教师在教学中也面临单一社区教学不能够得到理想的教学效果的问题。课堂教学对于掌握基本概念和方法具有重要作用；但是，课堂教学受到时空限制，无法调动每个学生的学习积极性，这时，网上社区就具有优越性；可是，网上社区无法实现实验课堂上教师亲自指导学生动手实验操作的效果，也无法实现企业社区直接面对实际问题的效果；企业社区却无法像课堂教学那样给予学生基础知识的系统的学习机会。不同社区具有各自不同的优点，不同社区的教学又无法相互替代，这样，基于多重教育社区的理念的教学方法就显得非常重要。

在教学改革过程中，既不可以简单地延用以往的校园单一社区的教学模式，也不可以简单地移植翻转课堂的教学模式，而是要吸取以往教学方法中合理的部分和外国教育方法中有益的内容。在教学改革中，不仅要提出传统的校园单一教育社区的局限是什么，还要提出翻转课堂不能做什么的问题。虽然，校园单一社区的教育资源并非仅仅来自校园本身，但是，校园单一社区远离校园之外的社会实际，成为象牙之塔抑或教育孤岛，仅仅是盆景式的教育。翻转课堂采取了虚拟加校园的双重教育社区的教学模式，这是教育方法学的革命，但是，翻转课堂仍然不能够完全解决教育孤岛的问题、虚拟教学与实体教学不对称问题、知与行的距离，以及人才能力的全面培养问题。

4. 虚拟教育社区与实体教育社区教学的非对称问题

虚拟社区的教学的感知方式是不直接的，不完全符合逻辑实证的认知规律。虽然虚拟教育社区的教学资源来自现实世界，是现实世界的再现与抽象整合，但是，虚拟世界与现实世界存在着差别。因此，仅仅通过虚拟教育社区教学可能造成学生认知的偏差，甚至谬误。比如说，虚拟数字人技术可以解决医学院校学生解剖学课程教学资源不足问题，帮助学生课后复习解剖学实验的内容，但是，在计算机上的人体解剖学实验不可以替代真实人体解剖学实验。可以通过虚拟化的细胞培养实验教学课件来学习和了解细胞培养的过程，却无法以此来替代真实的细胞培养的训练。多重教育社区的教学模式解决了虚拟教育社区与实体教育社区的非对称问题，因此，具有超过单一社区的优越性。

5. 从虚拟教育资源的共享到实体教育资源的共享

多重教育社区的教学模式实现了更广泛的教育资源的共享。在虚拟教育社区出现之后，教育领域过分地强调了虚拟教学资源共享，却忽略了实体教学资源共享的问题，虚拟教育社区的局限性客观地要求实体教学资源的共享。

如果我们通过虚拟博物馆学习生命科学史，实体博物馆、自然景区和动物园可以提供直接观察化石和生命现象的机会，实体教学资源并不仅仅属于某一所学校，而是全社会的教育资源，通过多重教育社区的教学模式可以解决某些学校和网络学院教育资源不足的问题，实现更佳的教学效果，同时也部分解决了教育公平的问题。

6. 多重教育社区模式是教育方法整合的需要

以往的教学中虽然也在采用多重教育社区的教学方法，但是，一直未形成系统化的多重教育社区的概念，更没有研究多重教育社区的定量的教育方法学。虚拟教学社区的方法已经广泛应用于现在的教学中，我们把过多的注意力放在将实体教学资源虚拟化和共享问题上，却没有实现虚拟教学和实体教学方法学的重新整合和系统化，当处于这样一个教育方法转型的时代，强调多重教育社区的概念是及时和必要的。

认知：

理解：

做件什么事	怎么做的	做中的感悟

准备：

学会做：

多重教育社区关注的问题

1. 中心社区是什么

现代教育的中心社区是什么？这是一个目前教育方法研究者之间存在争议的问题。

目前，义务教育、高中教育、中等职业教育和高等教育中的大部分的教育中心社区仍然是校园社区。

在虚拟教学日益普及的时代，特别是翻转课堂的教学模式出现之后，有一种观点认为教育的中心社区应该是虚拟社区，因为虚拟社区不仅整合了多个不同社区的资源，还可以减少教师面授课时，能够在虚拟社区实施的教学活动尽量在虚拟社区实施，这样可以使教师不用重复劳动，有更多时间与学生讨论具有创造性的科学问题。

2. 单一社区课程的作用

课堂教学不可以替代博物馆和影视的学习，一个学生所处的社会文化环境对其教育具有重要的影响，所以不同的单一社区具有不同的教育功能。化学课程中课堂教学与实验教学，虚拟实验及计算机教学、化学信息搜索和整合计算，参观博物馆、研究所，以及高技术企业实习、看化学科学电影在实施教学过程中具有不同的作用。既然多重社区中不同教育社区不可相互替代，每种单一社区的作用就应该明确。不同于以往的校园社区以外的其他教育社区活动仅仅作为教育的补充的观念，多重教育社区把中心社区以外其他社区的教育作为整个教学活动的组成部分，并且将这种理念应用于教学资源的整合与教学计划制订中。

3. 不同年龄和不同学科课程构成的差别

在学龄前儿童的科学启蒙教育中，学校社区课堂教学非常少，主要是科学公园及影视教育。

在中学及大学生科学教育的多重社区构成中，校园社区的教学活动就很多。

语言文学与自然科学课程的教育社区构成存在差别。

在多重社区构成问题上，首先对学科的教学计划中学生应该理解和掌握知识的概念、原理和方法要明确，选择社区组合方式时应该通过教学效果评价来比较选择哪些单一社区的资源组合以及怎样的组合方式才具有更佳的教学效果，然后再确定教学活动的程序。

4. 教育学研究

不同社区的教育具有不同教育心理学和教育方法学。

由于不同社区教育心理学和教育方法学的测试、统计研究方法不同，不同社区的教育学存在差异，不仅是课堂教学的教育学，还有博物馆教育学、虚拟社区教育学、家庭教育学等学科的研究。网络教育和课堂教学的教育心理学和方法学是不同的，网络教育不应该仅仅是传统课堂教学方式的数字化再现，需要采取虚拟教育学理论和方法体系。

此外，还应该研究不同的单一教育社区间的关系，确定实施某一学科教学时的不同社区的知识点和课时数，研究不同社区的教学方法。最后，还要将这些研究整合为多重教育社区的教育方法学。

5. 虚拟社区在多重教育社区中的作用

虚拟教育社区的优点在于受教育者可以不受时间和空间的限制，通过互动学习知识和讨论问题，实现教育资源共享，消除地区间教育水平的差异。缺点在于观察科学现象不够直观，不可以自己动手做科学实验，只能够写作、计算、设计和创作计算机软件类作品，由于人机直接对话，教育可能出现非人性化的问题。之后，有些教学专家提出互联网辅助教学的概念，认为互联网教学不可以替代教师课堂教学，互联网只是一个辅助教学工具。在翻转课堂教学模式出现之后，虚拟教学的作用正在被教育界重新认识，甚至可能将其作为中心教育社区。

在多重教育社区的教学模式中，虚拟教学不再被认为是辅助教育手段，而是作为现代教育中不可替代的组成部分。不仅虚拟技术可以帮助学生理解科学概念，虚拟教学还是现代科学创新学习方法中最重要的部分。

现代科学学习采用现实A→虚拟现实a→虚拟现实b→现实B的方法，A→a的过程是认知的建构过程，a→b→B为设计创造过程。虚拟教育社区还具有联系、整合不同单一教学社区教学资源的功能，以及统筹多重社区学习计划的作用。

认知：

理解：

做件什么事	怎么做的	做中的感悟

准备：

学会做：

构建多重教育社区的准备工作

1. 立法

我国“十四五”规划已经颁布，并且将《职业教育法》列为进一步修改的重中之重，随即《家庭教育法》即将出台，如果要基于多重教育社区的理念去实施家庭与职业教育的衔接教学，通过教育立法的方式给予内容的扩充，把多重社区中不同教育者和管理者的任务和责任以法律的形式加以规范，那除了目前制定的教育法律，还应该有博物馆教育法、网络教育法、家庭及社区教育法、教育资源的知识产权法等。

2. 将科学研究成果及自然文化遗产转化为教育教学资源

将已有的科学研究成果和自然文化遗产转化为多重教育社区的教育资源，实现整个社会教育资源的更有效利用，教学内容更丰富，效果会更好。

3. 教育规划和管理

制订教育规划时，不仅仅要考虑学校的设施、学校教师队伍及教材的建设，还要考虑整个社会的教育资源——博物馆、科学影视、高技术企业、家庭社区等在教育中的作用，同时实施全面管理。

4. 构建虚拟多重教育资源社区

多重社区的教育资源处在国内不同的地理位置，甚至是属于不同国家，国际互联网的虚拟化方法可以有效地整合这些资源，首先将不同社区的知识资源模块化，以易于通过现代教育方法选择和整合这些模块构成多重虚拟教育资源社区，虚拟多重教育资源社区是虚拟资源和实体资源的虚拟表达。虚拟社区不但将真实资源数字化，还可以通过搜索系统寻找真实资源，帮助教育者和学习者在虚拟社区内外教和学。

一个药物学课程教学资源的虚拟社区，在这个整合的网页上除了校园社区，还有校园以外的其他社区资源的联结。基于多重教育社区的理念设计某一药物学课程教学时，可以根据教学的需要分别从不同的单一社区选取教学资源。

认知：

理解：

做件什么事	怎么做的	做中的感悟

准备：

学会做：

多重教育社区的课程教学

单一教育社区的类型（CS，Species of Community）、教学知识点（KP，Knowledge Point）和教学课时数（TH，Teaching Hours）是基于多重教育社区概念设计课程教学的三个重要参量。

设计某一课程教学流程（TP，Teaching Procedure）时，首先要根据教学目标或某一章节教学要阐述的问题（P，Problem），确定总的教学知识点（KP），然后在虚拟多重教育资源社区选择单一社区的资源（CSi），决定在不同社区的教学知识点（KPi）和课时（THi），总的教学知识点（KP）是各个单一社区内教学知识点（KPi）之和，总的教学课时数（TH）是各个单一社区内教学课时数之和。之后是优化和整合不同社区的资源形成多重教育社区教学计划。

基于问题的学习(PBL)的课程设计与教学活动程序的确定常常需要多个社区的资源，同一课程的不同章节教学的多重社区的构成也可能不同。在整合的平台上，可以采用最易于帮助学生理解科学概念和解决实际问题的不同单一社区资源，组建多重教育社区和实施教学活动。

教学的设计根据系统化的原则，设计一系列不同社区内的教学活动——活动的整个过程是由一系列具有逻辑关系的教学事件组成，通过在不同社区的不同形式的教学活动实现教学内容的重复以加深概念的理解和记忆，这样就避免了单一课堂教学内容重复讲授的乏味。认知能力、创新能力和社会责任心的培养是通过不同社区的活动包括作业来实现的。

大学一年级普通化学课程中《水的化学性质和水的环境保护问题》一章的两个不同的教学设计方案，同样的17个知识点、18个学时的教学，采用以往的单一社区的教学法时，所有的教学活动都是在校园社区进行的，包括课堂讲授（5课时）和实验（3课时），最后还要有学生答疑和习题课、学生自习等；采用多重社区的教学法时，理论课翻转课堂学习（4学时）——虚拟教学（3课时)+校园教室讨论（1课时），实验（3课时），实验前学生在教学网观看虚拟实验、自然界的水循环和水资源保护网络录像（1课时），还可以参观博物馆或者参观水净化工厂（4课时），网上阅读、答疑和作业（6课时），这一章的教学活动分别在三个单一教育社区——校园社区（课堂+实验室）、虚拟社区和企业社区（水净化工厂）实施，这三个单一社区组成一个多重教育社区。

多重社区的教学增加了更加直观的社会化的教学步骤——参观水净化工厂，虚拟社区可以帮助学生自我选择教学时间、重复学习的机会以及获得因材施教的个别指导，这样能够照顾到不同水平学生的课程学习，在能力的培养方面也比单一社区更全面。多重社区的教学会比以往的单一的校园社区教学效果更佳，也更受学生的欢迎，可是，需要更多的社会教育资源，甚至可能花费更多的时间，同时要有更多的学生活动安全的考虑。

无论是教学的效果、教师的教学能力的评估，还是在学生成绩的计量方面，多重教育社区的教学活动都在更多层面反映了教学的水平。

多重教育社区是比单一教育社区更多地利用社会教学资源的教学模式，可以使得学生获得更全面的知识结构和能力培养，其教学设计中单一社区的选择及教学方法的整合优化是教学成功的关键（图3）。

多重教育社区系统化教学方法有待更加深入地研究。

认知：

理解：

做件什么事	怎么做的	做中的感悟

准备：

学会做：

本章盘点

◎小问题

回答下面的问题，帮助你理解多重教育社区在家庭教育中的必要性。

1.多重教育社区的目的是什么?

2.多重教育社区首先要做什么?

3.多重教育社区的步骤是什么?

4.多重教育社区有哪些环节?

5.多重教育社区有几层?分别是什么效果和表现?

6.多重教育社区和掌握知识应该如何链接?

7.多重教育社区的方式不同,其效果有哪些不一样?

8.在生活中实践多重教育社区的问题有哪些?

如何做更好的父母

◎收起你的懦弱,摆出你的姿态,在孩子学习时,不要打击孩子的积极性!

◎就算周边的人(含家庭成员)都否定孩子,你也要相信孩子,不要管别人的看法。

◎脚下的路是走出来的,总是犹豫不决,不如勇敢地踏出一步,要相信,世上本没有做不到的事,只有不敢尝试的人。

◎不管孩子如何尽心尽力,都可能不被欣赏,总有人认为他不够好,不管别人的眼里怎么看,你都不能放弃!

“管理好自己”思考题

【反向思维】

◎多重教育社区教育没有用,孩子不愿意接受多重教育社区!

◎支持孩子到位了,孩子还是不想学!

◎孩子与我的观念，道不同不相为谋！

◎孩子学习不到位很丢人，怕被别人瞧不起！

【正向思维】

◎实施多重教育社区教育之后，家庭和睦了！

◎实施多重教育社区教育之后，孩子的能力提高了！

◎实施多重教育社区教育之后，父母与孩子相处更融洽了！

◎实施多重教育社区教育之后，父母与孩子的误会没有了！

与心对话

每日一问：

家庭生活中总有一些磕磕绊绊的冲突点，很多事情都需要多重教育社区教育，你面对这些家庭琐事是怎么解决的呢？你身边的家庭又是怎么处理的呢？

请将家中孩子在多重教育社区教育中的事记录下来：

陶行知说：处处是创造之地，天天是创造之时，人人是创造之人。要培养具有“创造精神”和“开辟精神”的人才，培养孩子的创新能力对国家富强和民族兴亡有重要意义。中国对于小孩子一直是不许动手，动手要打手心，往往因此摧残了儿童的创造力。

创新是教育的灵魂

- 陶行知经典故事
- 什么是创新教育
- 创新能力的内涵
- 创新能力培养的原则
- 创新能力的培养
- 创新潜能的发掘
- 社会环境对创新能力形成的影响

陶行知经典故事

有一天，一位朋友的夫人来看陶行知，陶先生热情地让她坐下，倒了一杯茶给她问道：“怎么不带儿子一起来玩？”这位夫人气呼呼地说：“别提了，一提就叫我生气。今天我把他结结实实打了一顿。”陶先生惊异地问：“这是为什么？你儿子很聪明，蛮可爱的哩！”

朋友的夫人取出一个纸包，里面是被拆得乱七八糟的一块手表。表的成色还很新，镀金的表壳被打开了，表面玻璃已破碎，连秒针也掉了下来。她生气地说：“陶先生，这表是才买的，竟被我儿子拆成这样，您说可气不可气！他才七八岁，就敢拆表，将来大了恐怕连房子都敢拆呢！所以我打了他一顿。”

陶先生听了笑笑说：“坏了，恐怕中国的爱迪生被你枪毙了！”朋友的夫人有点愕然：“为什么呢？难道我这样做不对吗？”陶先生摇摇头。朋友的夫人又接着问：“陶先生，您是大教育家，您说对这样的孩子该怎么办呢？”

陶先生把拆坏的表拿过来，对朋友的夫人说：“走，我们上你家去，见见这个小‘爱迪生’。”

到了朋友家，陶先生见到那个孩子正蹲在院子的大树下，聚精会神地看蚂蚁搬家。朋友的夫人一见又来了气，正要骂他，陶先生立即劝住了。

陶先生把孩子搀起来，搂在怀里，笑嘻嘻地问：“你为什么要把妈妈的新表拆开来呢？能告诉我吗？”孩子怯生生地望了妈妈一眼，低声说：“我听见表里的嘀嗒嘀嗒的声音，想拆开看看是什么东西在响。我错了，不该把手表拆坏，惹妈妈生气。”

陶先生说：“想拆开看看是什么东西在响，这没有错。但你要跟大人说一声，不能自作主张。来，你跟我一起到钟表店去好吗？”孩子又望望妈妈说：“去店里干什么？”

陶先生说：“去看师傅修表啊，看他怎么拆，又怎么修，怎么装配，你不喜欢吗？”孩子高兴得跳起来：“我去！我去！”

陶先生拿着那只坏表，带着孩子一起到了一家钟表店。修表师傅看了看坏表，说要一元六角修理费。

陶先生说：“价钱依你，但我带着孩子看你修，让他长长知识。”师傅同意了。

陶行知和孩子站在旁边，满怀兴趣地看师傅修表。看他怎样拆开，怎样把零件一个个浸在药水里；又看他加油后，把一个个零件装配起来。从头到尾，整整看了一个多小时。全部装好后，师傅上了发条，表重新发出清晰的嘀嗒声。孩子高兴地欢叫起来：“响了，响了，表修好了！”

陶先生临走又花一元钱买了一只旧钟，送给孩子带回去拆装。孩子连声说：“谢谢伯伯！谢谢伯伯！伯伯真好！”

陶先生把孩子送到家后，孩子立即跳呀蹦地跟妈妈说：“妈妈，伯伯买了一只钟，让我学习拆装呢！”

那位朋友的夫人不解地问：“还让他拆啊？”陶行知笑笑说：“你不是问我对这样的孩子该怎么办吗？我的办法是

把孩子和表一起送到钟表铺，请钟表师傅修理。这样修表铺成了课堂，修表匠成了先生，令郎成了速成学生，修理费成了学费，你的孩子好奇心就可得到满足，或者他还可以学会修理咧。”

陶先生停顿了一下，接着说：“孩子拆表是因为好奇心，孩子的好奇心其实就是一种求知欲，是有出息的表现。你打了他，不是把他的求知欲打掉了吗？与其不分青红皂白地打一顿，不如引导他去把事情做好，培养他的兴趣。中国对于小孩子一直是不许动手，动手就要打手心，往往因此摧残了儿童的创造力。我们应该学习爱迪生的母亲，那么理解、宽容孩子，那么善于鼓励孩子去动手动脑，这样，更多的‘爱迪生’们就不会被打跑、赶走了。”

朋友的夫人听了恍然大悟，她不好意思地笑了一下，诚恳地说：“陶先生，您说得对，太谢谢您了，我今后一定照您的办法去做。”

认知：

理解：

做件什么事	怎么做的	做中的感悟

准备：

学会做：

什么是创新教育

为了发展的需要，人们运用已有的知识和生活经验，不断突破常规，发现或产生某种新颖、独特的有社会价值或个人价值的新事物、新思想的活动就是创新。

简单地说，创新就是人们弃旧图新、破旧立新的独创性活动，通过创新，想出新办法、建立新工艺、创造新产品。

创新教育就是改变人们的思维方式，培养创新、创造的意识，使人们在生活中不断地推陈出新，对新生活不断地追求和创新的过程。

1. 创新教育的含义

创新教育是以提升人的生活水平为宗旨，培养和造就创新人才的教育。其基本价值取向是创新意识、创新精神、创新能力。

创新教育的过程，不是受教育者消极接受塑造的过程，而是充分发挥其主观能动性的过程，亦即培养受教育者自主学习、大胆探索、勇于创新创造能力的过程。因此，在教学过程中要致力于培养学生的创新意识、创新创造能力及实践能力。

2. 创新教育的范畴

创新教育依据陶行知先生早年提出的“生活教育”为理论基础，并将其运用于教育的实践中，重视开发学生生活创造力。

凡是围绕生活而进行的教育、训练和活动，而且有利于受教育者树立生活志向、培养生活创新精神、激发创新思维、增长生活创新技能的，都是创新教育的范畴。

创新教育就是在生活教育中加强对人们创新思维和创新意识的培养，充分挖掘人的创新潜能，提高人们不断发现新问题、解决新问题的认识能力，提高人们创新、创造新生活的实践能力，帮助人们实现“不断提升生活水平”的美好追求。

3. 创新教育的内容

创新教育的内容主要包括培养人的生存能力、超越本领和不断扩大自由发展空间的能力。

创新教育通过对孩子进行生存、超越能力的培养，促使孩子生活水平的逐步提升，赋予孩子生存、超越、自由发展的能力，促使孩子朝着自由发展的方向努力，最终达到自由、美满、幸福生活的目的。

【案例1】

特仑苏除了典雅、高贵的包装外观，整箱不拆零的终端销售方式，其奶蛋白含量，也超出国家标准13.8%的3.3%。蒙牛在特仑苏纯牛奶包装盒上将“3.3%”加以放大，此举对普通纯牛奶产生了极大的杀伤力，吸引了大批消费者。

蒙牛又推出OMP“造骨蛋白”概念，以高科技突出品牌的技术优势，从而烘托出品牌价值、1100米海拔、年日照近3000小时、昼夜温差大等层层地缘优势，加上蒙牛作为乳业领头羊的优势加工技术，其产品口味更香、更浓、更滑。

在寻求品牌驱动上，蒙牛突破了以往以企业整体品牌驱动子品牌，建立子品牌关联知名度的打法，另辟蹊径，让特仑苏独立出蒙牛的品牌系列，气质、包装、终端陈列不同，强化了自己的品牌。

IDF国际乳品联合会主席吉姆·贝格在第27届IDF世界乳业大会上宣布：蒙牛“特仑苏”获得IDF全球乳业“新产品开发”奖。这个奖项的获得是一个年轻的乳品企业战胜百年巨头的传奇，也是中国乳制品企业首次登上全球乳业领奖台。

【分析】

蒙牛运用产品创新策略推出特仑苏并获得了成功。随着市场经济的发展和科学技术的进步，企业产品生命周期越来越短，加快产品创新，缩短产品开发时间已成为企业获得和保持竞争优势的关键。然而，由于产品创新管理过程具有高度的不可预见性和风险性，即便世界一流企业也很难避免产品创新的失败。

【案例2】

一位少年去拜访一位年长的智者。

少年问："我如何才能变成一个自己愉快，也能给别人带来快乐的人呢？"

智者说："我送你四句话，第一句话是把自己当成别人。"少年回答："是不是说，在我感到痛苦和忧伤的时候，就把自己当成别人，这样就会减轻自己的痛苦；当我欣喜若狂的时候，把自己当成别人，那狂喜就会变得静如止水？"

智者微微点头："第二句话是把别人当成自己。"少年沉思片刻说："把别人当成自己，就可以真正地同情别人的不幸，理解别人的需要，并且在别人需要的时候给予适当的帮助，对吗？"

智者以慈善的眼光应诺说："第三句话是把别人当成别人。"少年接着说："这就是说，要充分尊重别人的独立性，在任何情况下，都不可侵犯别人的核心领地？"

智者哈哈大笑，连忙说："好好，孺子可教也！第四句话是把自己当成自己。这句话理解起来很难，留着今后自己慢慢品吧！"少年说："好！但是这四句话之间有许多自相矛盾的地方，怎样才能把他们统一起来呢？"智者说："这很简单，用一生的时间和精力。"

【分析】

一个人的思维决定一个人的行为，一个人的行为决定一个人的命运。如果你能换一个角度，换一种思维，也许就会有意想不到的收获。

认知：

理解：

做件什么事	怎么做的	做中的感悟

准备：

学会做：

创新能力的内涵

创新能力是运用已掌握的知识，在科学、艺术、技术和各种实践活动中不断提供具有经济价值、社会价值、生态价值的新思想、新理论、新方法和新发明的能力。

创新能力是民族进步的灵魂、经济竞争的核心，当今社会的竞争是人才的竞争、人的创造力的竞争。

创新能力按习惯的说法也称为创新力。创新能力最常提及的有国家创新能力、区域创新能力、企业创新能力等，并且存在多个衡量创新能力的创新指数排名。

我国上千年的教育发展史中，闪烁着一些简单而朴素的创新能力培养的方法，例如，两千多年前，老子就在《道德经》中提出“天下万物生于有，有生于无”的创造思想；孔子提出“因材施教”“不愤不启，不悱不发。举一隅不以三隅反，则不复也”的思想。

创新的关键在人才，人才的成长靠教育。

综观我国近十年的研究成果，虽然国内学者对创新能力的理解各不相同，但他们对创新能力内涵的阐述基本上可以划分为三种观点。

第一种观点认为创新能力是个体能运用一切已知信息，包括已有的知识和经验等，产生某种独特、新颖的社会价值。它包括创新意识、创新思维和创新技能三部分，核心是创新思维。

第二种观点认为创新能力表现为两个相互关联的部分，一部分是对已有知识的获取、改组和运用；另一部分是对新思想、新技术、新产品的研究与发明。

第三种观点从创新能力应具备的知识结构着手，认为创新能力应具备的知识结构包括基础知识、专业知识、工具性知识或方法论知识以及综合性知识四类。

上述三种观点，尽管表述方法有所不同，但基本上能将创新能力的内涵解释清楚，充分说明了创新在教育中的重要作用。

【案例】

小张的孩子经常会问："妈妈，雾是哪里来的？""妈妈，你说太阳下山了，太阳真的下山了吗？""为什么夏天会打雷，冬天不会打雷呢？"

有时候，奇怪的问题的确把小张难住了。小张心想：这时候当妈妈的绝不能厌烦，用三言两语打发孩子或干脆批评小孩不该胡思乱想，这样一来，就会挫伤他们探索的积极性。

爱因斯坦在回答他何以有那样重大的发明创造时说："我没有特别的才能，不过喜欢寻根刨底地追究问题罢了。"所以，小张特别珍惜孩子的好奇心。

【分析】

爱因斯坦的回答告诉我们：经常发现孩子智慧的火花，鼓励孩子提问，并引导孩子自己去思考、去想象、去创造、去寻求答案，这就是创新能力产生的根源。

认知：

理解：

做件什么事	怎么做的	做中的感悟

准备：

学会做：

创新能力培养的原则

培养创新能力既是实现中华民族伟大复兴的战略抉择，又是人才自身成长成才的内在需要，涉及人才的价值取向、教育改革、物质保障、社会机制以及人文环境等方方面面，只有对症下药，多管齐下，综合治理，才能取得实质性的进展。创新能力培养，需要遵循以下基本原则。

1. 个性化原则

每个孩子都是一个特殊的不同于他人的现实存在。

从某种意义上说，孩子的个性化是创造性的代名词，孩子没有个性，就没有创造。因此，培养孩子创新能力必须遵循个性化原则，因材施教，重在激发孩子的主动性和独创性，培养其自主的意识、独立的人格和批判的精神。

确立家庭教育的个性化原则，首先要走出思想认识上的误区。要从“将全面发展与个性发展对立起来”的误区中解放出来；从“将全面发展理解为平均发展”的误区中解放出来；正确理解马克思关于全面发展的理论，要从对“教育平等”的错误理解中摆脱出来，承认差异，发展差异，鼓励竞争，鼓励冒尖，不求全才，允许偏才、奇才、怪才的生存与发展。

其次，要从小培养和强化孩子的自主意识和独立人格。父母和教师要彻底改变“听话就是好孩子”的陈腐观念，以民主平等的态度对待孩子，鼓励他们大胆质疑，逢事多问一个“为什么”“怎么样”，让孩子自己拿主意，自己做决定，不依附，不盲从，引导和保护他们的好奇心、自信心、想象力和表达欲，使他们逐步养成自主、进取、勇敢和独立的人格。

最后要因材施教。所谓因材施教，就是针对人的能力、性格、志趣等具体情况施行不同的教育。

父母要善于激发孩子的求知欲和创造欲，鼓励孩子大胆发言，勤思考，多讨论，在所有的环节中把批判能力、创新性思维和多样性教给孩子，培养孩子的创新精神，努力创造一种宽松、自由、民主的“教学相长”的良好氛围。

2. 系统性原则

所谓“系统性”是指由相互联系、相互作用的若干要素，以一定结构组成的，具有一定整体功能的有机整体。

根据一般系统论原理，一方面，培养孩子创新能力是一个包括培养创新意识、创新精神、创新思维、创新方法等诸要素的有机整体，绝不能割裂开来；另一方面，培养孩子创新能力，是一项庞大的社会系统工程，需要政府、学校、家庭、社会各方面的共同参与，封闭式的教育是没有出路的。系统科学理论为我们培养孩子创新能力提供了方法论的启示和指导。

目前创新能力培养需要解决以下问题。

一是要让教育在人的全面发展和社会进步中起到先导性作用。

二是在社会上建立激励孩子创新的价值导向机制。

社会价值取向具有激励和约束两方面作用。孩子能力的发展方向如果与社会的激励方向一致，则可以达到较高的速度，并受到援助和尊重；培养孩子创新能力，一定要建立鼓励探索、冒险、质疑和创新的激励机制，包括社会激励、市场激励和政府激励，形成新的价值导向。

三是要加速以孩子活动中心、图书馆等为主体的知识基础设施建设和以多媒体教育为标志的教育技术现代化进程，为培养孩子创新能力提供有效载体和物质保障。

3. 实践性原则

实践是人所特有的对象性活动，也是人类的存在与发展方式。马克思主义认为，实践改造自然，不仅仅是改变自然物的形态，更重要的是在自然物中灌注人的需要、目的和本质力量，使其从“自在之物”转化为“为我之物”，从而创造出按照自在世界本身的运动不可能产生的事物。

实践分化的过程，实际上就是“按照人的样子来组织”和创造世界的过程。

培养孩子创新能力，无论是培养的目的、途径，还是最终结果，都离不开实践。遵循实践性原则，坚持以实践作为检验和评价孩子创新能力的唯一标准。

4. 协作性原则

所谓协作是指由若干人或若干单位共同配合完成某一任务。孩子的创新能力不只是跟他们的智力因素有关，非智力因素也在很大程度上影响着他们创造潜能的发挥。

孩子的个性中的协作特征就是这样一种因素。

教育界人士曾经反复呼吁，目前我国独生子女的一个严重问题就是不善于合作与交往。世界国民教育的主旋律也已经从培养孩子“学会生存”转变成了培养孩子“学会关心”。

有人对诺贝尔奖获得者的工作态度与方式进行了全面分析，发现在1901年到1972年期间286位获奖者中，近三分之一的人是因为与他人合作开展工作而获奖。相比之下，未获奖的科学家中，只有很少的人与别人进行积极的合作。

这个结果显示，与别人一道工作可以增加创造性。

创造性有一个基本的事实就是，现代科学的发展已经让任何孩子都无法在一生中涉足科学技术的各个方面。要想在现有的科学技术的基础上有所创造，就必须学会与别人进行“信息共享”。由此看来，人的创造性既是一种生活化的质量，也是一种社会化的特征。

培养孩子的协作精神，首先要从小培养他们乐观、豁达、开朗的性格，让他们学会与人相处、关心他人。

其次是要多让他们参加各种各样的集体活动，学会在一个有竞争的集体中进行工作，学会在与人合作中进行创造。

【案例1】

冰心曾说过：“淘气的男孩是好的，淘气的女孩是巧的。”孩子爱玩，喜欢探索未知的事物，并不意味着孩子是坏孩子，相反，这正是孩子创新能力的开始和萌芽，父母不仅不应该制止，还应该有意识地保护和珍惜，给孩子充足的时间和空间，让他们有机会去发现和研究感兴趣的事物。

【分析】

冰心的话启示我们：只要孩子是安全的，父母就应积极鼓励他的各种探索。

【案例2】

我国著名的地质学家李四光，以具备洞察各种现象的超强观察力著称，无论走到哪里，他都会注意观察周围，处处留心，时时注意，从不放过任何一个细小的观察机会。

出国讲学、参加会议、旅游等，他都会进行实地观察。

当他出国讲学取道美国时，横跨美洲大陆，期间停下来最少六七次，专门爬山考察地质。他从英国回国途中经过意大利和瑞士，也进行了野外地质考察。

最终，他创立了地质力学，帮助中国摘掉了“贫油国”的帽子。

【分析】

李四光的事迹提示人们：奇迹的出现靠观察，只有善于观察，才能发现世界的秘密。

认知：

理解：

做件什么事	怎么做的	做中的感悟

准备：

学会做：

创新能力的培养

创新能力教育主要对创新的目的性、创新的革新性、废弃旧事物确立新事物等能力给予培养，以求新为灵魂，从实际出发、实事求是地在创新的价值以及创新的经济效益和社会效益方面给予加强。其重点是培养创新者的基本素质和能力。

要创新就要自信。只有充分自信，才会增强创新的信心，创新者要坚信事物的成败注定要靠自己的努力，要靠自己的能力去战胜一切困难，要有坚忍不拔的毅力，在不断的失败中跌打滚爬、不断积累经验，要有风险意识，敢于冒险，果断地尝试，创意是创新的源泉，要诚实守信，创新者的质量决定着创新的发展空间，要注意人际关系，在创新中只有合作，分享知识和经验，才能完成创新的使命。创新离不开团队，团队离不开正确的决策和管理，领导素质影响着创新的兴衰成败，要有计划、有步骤地安排好工作，保持创新活动的可持续发展，要不断地发现问题、解决问题。

培养创新能力是未来社会发展的趋势。

有资料分析表明，中国孩子应试能力强，但动手能力特别是创新能力较差，与美国等西方发达国家的孩子存在明显的差距。因此，在我国经济速猛发展的今天，培养孩子创新能力迫在眉睫。

创新能力能够帮助孩子树立正确的人生观、价值观。

目前，孩子在学校都是老师领着学习，不断地做题和解题，练字，背诵，使孩子感到枯燥，难以发展和锻炼他们的爱好和特长。

孩子如果能在家庭中做一些创新、创业的活动，可以不断发挥孩子的主观能动性，培养孩子的兴趣爱好和创新思维。

从小开始培养孩子的创新、创业意识，可以使孩子将来的学习能力得到进一步的锻炼提高，以及为将来走向工作岗位打下基础。

通过提前锻炼能够缓解目前很多在校学生对创新、创业知识不了解的现状，孩子进入学习阶段，不断地丰富创新、创业知识，为孩子未来工作积累知识和能量。

创新能力培养还能提高孩子的自身素质，通过创新、创业实践训练，提高孩子发现和思考问题、实际动手、团队合作等各方面的能力以及心理和身体素质。

作为父母要开启孩子感知世界、自我创新创造的窗户。

只有在自己支配和主宰的环境中，孩子创新、创造的火苗才会燃烧，我们要尽量给孩子提供摸索、尝试、学习及自我表现和动手操作的机会，开放他们没有尝试过的各类生活空间，为提升孩子创新、创造力奠定基础。

给孩子提供一个不受时间、空间和材料限制的，有挑战性、有吸引力的环境，尽可能地与孩子特定的年龄和发展阶段相适应。

创新能力是民族进步的灵魂、经济竞争的核心。

当今社会的竞争，与其说是人才的竞争，不如说是人的创造力的竞争。

随着现代科学技术的发展，未来社会的财富将越来越表现为人的创造性。

培养孩子的创新能力，是未来社会生产的需求决定的。

我国到2050年左右赶上或超过世界发达国家，成为具有高度物质文明和精神文明的社会主义现代化强国，要求孩子必须具备创新精神，他们的智力潜能需要教育者去系统地开发。

因此，培养孩子的创新能力可以在以下几个方面尝试。

1. 培养积极健康的精神状态

与创新相关的因素往往存在于个人的心智之中。孩子是否有创新、发明、创造的心态，是创新的关键。

2. 鼓励孩子“破框思维”

墨守成规，不敢越雷池一步，就会把自己的观念与思维囚禁在旧的模式和框架中。要创新，必须敢于“破框”，勇于突破心智的枷锁，解放思想，推陈出新。

3. 让孩子独立思考，敢于质疑，敢于挑战权威

创新需要知识，要不断学习，不断充实自己。创新要有主见，学会独立思考，不能人云亦云。创新需要质疑精神，善于发现问题，敢于质疑，大胆假设；创新需要严谨的科学态度和实证精神，反复实验，小心求证；创新是对传统的突破和对权威的否定，既需要有闪烁的光芒又要有真知灼见，也要捍卫科学、崇尚真理。

【案例1】

洗衣机使用一段时间后，用户觉得拧干衣服既麻烦又费事。究其原因是单缸洗衣机没有拧干功能。

于是，洗衣机厂就开发了一种能甩干的双缸洗衣机。

由于农民洗白薯、洗花生时效率很低，又洗不干净，为此，洗衣机厂开发了一种能洗白薯、洗花生的“洗衣机”，满足了农民的需求。

【分析】

这个故事告诉我们：创新要敢想，有想法，就有出路，就会产生奇迹，世上没有做不到的，只有想不到的。

【案例2】

小王的儿子常“异想天开”。

小学二年级时，发生了这样一件事：数学教学正进入直式运算阶段，孩子们都能按照老师的要求，从低位向高位顺序运算，唯独小王的儿子别出心裁地从高位到低位进行逆向运算，老师指出后，他竟顽固地一意孤行，他还振振有词说：“从左边算到右边是我想出来的窍门。”

听他这么一说，小王意识到：儿子虽然违背规律进行运算，却透露出一种萌芽状态的独创精神。

于是，小王对儿子遇事“找窍门”给予充分肯定之后，循循善诱地告诉他：对自己周围的事物要多方位地观察，对思维结果还需验证，验证的标准就是看它的实际效果。然后，小王与儿子一起分析逆向运算的弊端，鼓励儿子按规律运算。

最后，儿子又快又好地完成了这次运算，还把经验在班上和同学进行了分享。

【分析】

“异想天开”、遇事“找窍门”“别出心裁”是孩子的特点，也是创造的基础，孩子小学二年级就有这样独特的思维模式，父母一定要给予鼓励。

认知：

理解：

做件什么事	怎么做的	做中的感悟

准备：

学会做：

创新潜能的发掘

孩子是具有创新潜能的，父母只要采取合适的方法，他们的创新能力是可以大幅度提高的。

针对目前孩子创新意识不足、创新能力不强的特点，可从以下三个方面对孩子创新能力的培养加以探索和尝试。

1. 尊重孩子的个性与创造精神

我们不能把孩子看作消极的被管理对象，也不能把孩子当作灌输知识的容器，而要把孩子看作具有创造潜能、丰富个性的主体。

否则，若各个环节管理过死，孩子就会完全处于被动状态，个性得不到尊重和发展，就谈不上培养孩子的创造精神和创新能力。

为此，家庭教育可以实行多元化的管理模式，允许孩子进行自主创业，为他们保留一定空间，激励敢于创新的孩子脱颖而出。

2. 营造创新环境与创新氛围

孩子创新环境的建设是创新人才培养的必要条件，要把创新环境的建设放在家庭教育的重要地位。

父母应充分利用社会上举办的各种学术讲座、学术沙龙和科技报告会，鼓励孩子积极参加活动，对于不同领域的知识要让孩子大胆地涉足，进行不同学科之间的交流，学习他人如何创造性地解决问题，以强化创新意识，鼓励孩子大胆创新，对孩子的科研课题进行定期检查和鉴定，这样可以培养孩子的创新毅力和责任心，拓展孩子的视野，有效发挥孩子的创造才能。

建立家庭竞争机制，让孩子参加各种形式的竞赛活动，在创新方面孩子成绩突出就要及时表彰和奖励。

3. 鼓励孩子养成创新素质

创造能力来源于扎实的基础知识和良好的素质，仅仅掌握单一的专业知识是不够的。因此，加强孩子基础教育的内涵更新和拓展合理的课程非常重要。学习中要注重文、理渗透，可以让文科的孩子了解一些自然科学课程，对理科孩子适当加强人文学科课程的教育，使文理学科之间相互渗透；改变孩子知识面狭窄的现状。打破课程界限，引导孩子增强创新意识，培养创新兴趣。

父母要允许并鼓励孩子跨系、跨专业选修课程，使孩子依托一个专业，着眼于综合性较强的跨学科训练。这不仅可以优化孩子的知识结构，还可以为以后在某个专业深造做好准备，同时也有利于发展孩子的特殊兴趣，使之能够学有所长。父母应教给孩子们一些最基本的科研和创新方法，诸如：如何选题，如何搜集、分析、整理数据，如何提炼论点（观点），如何谋篇布局、安排论文结构，如何论证阐述修改文稿，等等。

同时有意识地给孩子布置一些综合性的作业，对孩子进行一些科研创新的基本训练，使孩子初步掌握科研创新的方法和途径。孩子通过科研创新实践的磨炼，科研创新的能力和水平就会有显著的提高。

总之，创新能力是在丰富的知识的基础上逐渐形成的，它不仅包含敏锐的观察力、精确的记忆力、创造性思维和创造性设想，而且与孩子的个性心理、情感、意志特征等有密切关系。

创造能力是在孩子心理活动的最高水平上实现的综合能力。孩子的创造能力一般表现为以下几个方面。

◇具有探索和发现问题的敏锐性和预见性。

◇具有用一个概念取代若干个概念的统摄思维能力。

◇能够总结和转移经验，用以解决其他类似问题。

◇善于运用侧向思维方法和求异性思维方法。

◇具有想象、联想和形象思维的能力，不断产生新的较深刻的思想和观点。

◇善于把主观意识同客观实际相结合，有所发现、发明和创造。

【案例1】

刚刚的爸爸很喜欢养花。

一天，刚刚突发奇想地剪下了几枝月季花和太阳花，悄悄地埋到了泥土中，还常为它们浇水。

过了两天，他看到月季花蔫了，太阳花却开花了，还冒出了几个新芽。

孩子很纳闷，因为两种花是按照同样的方法种的，可却是不同的结果。他带着自己的疑问去找爸爸。

爸爸看见自己的花被孩子破坏了，心里很生气，但他转念一想，这不正是孩子好奇心的体现吗？

于是，爸爸控制住自己的情绪，给孩子讲了为什么会出现这样的情况。

【分析】

“鼓励孩子的每一点新想法，对孩子会是莫大的帮助。”这位爸爸教育和培养孩子的宝贵经验是从“养花”这件小事开始的，要培养孩子对万物的兴趣，并启发孩子产生各种想法。

【案例2】

瓜瓜是在一次幼儿园作业中爱上绘画的。

幼儿园阿姨让每位小朋友制作属于自己的个性相框，瓜瓜的爸爸从事装潢设计，帮助儿子用泡沫纸雕刻了他最喜欢的麦昆形象，制作成了相框。

瓜瓜看见自己的照片被放进“相框”里，表现得开心、兴奋，从此对画画产生了极大的兴趣。

瓜瓜妈妈抓住了这个生活中的小事件，给瓜瓜请了美术老师，将他的喜好慢慢培养成了特长。

【分析】

父母要在生活点滴中发现孩子的兴趣。孩子的才艺大多从幼儿园开始，父母要重视激发孩子的兴趣。

认知：

理解：

做件什么事	怎么做的	做中的感悟

准备：

学会做：

社会环境对创新能力形成的影响

从社会系统和孩子生活的具体环境看，影响孩子创新能力的社会因素，大致可以分为社会经济基础因素、社会文化观念因素和社会环境交往因素。

1. 社会环境对孩子创新能力的影响

民主、和谐、稳定的社会环境，既是知识传播、人才培养的基础，也是人们创新意识、创新精神和创新能力转化为生产力的前提。

社会如果没有一个既有自由，又有纪律；既有民主，又有集中；既有统一意志，又生动活泼的局面，那么它就会失去生机和活力，就要落后于不断发展的时代，终究会被历史潮流所淘汰。

只有民主和谐稳定的社会环境，才能为创新意识、创新精神和创新能力的培养奠定基础。

（1）社会经济基础影响着孩子创新能力的形成

创新活动离不开经济，经济因素对于创新的成功起着决定性的作用，经济基础是创新能力培养的必要社会条件和物质基础。

（2）传统文化概念影响着孩子创新能力的形成

传统的“文化观念”将“文化”定义为“会读书，会识字”，固化了人们对文化的广泛理解，而且根深蒂固、停滞不前，把不会读书、不会写字的人，定义为“没文化”“文盲”，践踏了文化作为人类社会灵魂和精髓的价值，这破坏了社会、经济、政治构成的社会基本结构，以物质资源高消耗为基础的经济增长方式的日益转变和以知识、科技、信息、教育为基础的知识经济的兴起，标志着人类社会文化时代的来临。

新的文化将其定义为：人与社会、团体长期养成的习惯。促使文化逐步向创新意识、创新精神和创新能力靠拢，并形成一种内在的精神动力。

（3）社会交往影响创新能力的形成

人的一切活动都不能单纯地解释为个体的活动，它时刻与其所生活存在的社会经济、政治和文化空间发生着千丝万缕的联系。创新活动反映着社会的影响，具有社会活动的意义，受到内在和外在的社会法规、思维方式、价值观念的约束激励和推动着社会成员的交互影响。

创新素养的生长发育的状态、社会文化环境和交往情境，将成为创新意识、创新精神和创新能力培养的重要社会条件或制约因素。

近朱者赤，近墨者黑。我国古代伟大的学者墨子打过这样一个比方：一件白色的衣服，如果放到青色的染缸里就会变成青色，放在黄色的染缸里就会变成黄色。这个比喻生动形象地表现了环境对人的影响作用。所谓“近朱者赤，近墨者黑”就是这个道理。

当今发达国家已经以发明创造为荣，我们还在忙着“赶考”，哪还有时间去想发明创造呢？现有的教育体制把“考试”演变为孩子的命根子，而“考试”的机会并不是人人都有的，更不是什么时候都有的，所以，要想活命，就必须牢牢地抓住它不放，哪怕做梦的时候都不能没有它，否则一旦在“考试”中败下阵来，别说什么“功名利禄”，恐怕就连“生存”的机会都没有了。

在这样一种大环境里，往往使人没有心思去质疑所学的知识本身是否具有合理性，很少有人敢于蔑视，甚至放弃宝贵的“考试”机会。

“适者生存”的法则决定了必须顺应潮流、认同现实，否则就将被无情地淘汰。

孩子要想“考试”过关，求得生存的机会，谋得个人发展，只能无条件地皈依“考试”的主旨，满足“考试”所要求的一切，割舍自己的兴趣爱好，背离自己原本纯正的理想和追求，放弃自己独到的思想和创造力，言听计从。这种不折不扣的社会现实扼杀着创造力的产生，阻止着国民素质的提升和整个社会的发展。

2. 应试教育的评价制度对创新的影响

孩子从小就被视为：“在家要听父母的话，在学校要听教师的话，在单位要听领导的话。”于是，“服从”和“听话”成了孩子做人的基本准则，使孩子缺乏了一种创造的内在冲动，缺乏了一种大胆质疑的批判思维。

从某种意义上说，这既是传统科举教育的“现代版”，又是苏联教育模式的“中国版”。这种教育模式曾培养了一代又一代富有牺牲精神的人才，创造过无数的成功和辉煌，但也存在着严重缺陷。

（1）教育评价静止在“知识评价”上

“应试教育”对教学效果和孩子能力的评价一直采取传统的知识评价方式，通过标准化、统一的试卷考核评价具有能动性和创造力的孩子，这种评价是一种极不公平、落后的评价制度，始终抹杀着孩子的创造性。

（2）在教育方式上“启发不足，灌输有余”

教师的满堂灌，使孩子一字不落地速记，由于多年受“传道、授业、解惑”的影响，校园内孩子不能用正常、自由的思维表达异议，这种方法使整个教育创新不足、守旧有余，启发不足、灌输有余。

（3）孩子学习方式仍以“记忆”为主

对知识的掌握主要靠记忆的方式，造成孩子要想考高分，获取好成绩，只能靠“死记硬背”，学习者被强迫“读死书，死读书，读书死”，学习内容多为“复制型”，孩子创新、创造的空间太狭窄。

另外，学习者接收教育的空间，受校园的局限。他们在参加工作前基本上是在校园内度过的，没有充分地涉足真实的社会环境，理论和实践呈现出一种严重脱节状况。

大多数孩子，学习没有明确的目的，学习就是为了“升学、找工作”，再无他求，每年高考都会出现“千军万马共挤独木桥”的竞争形态，严重扼杀着孩子们对未来职业的自由选择。

（4）创新的物质条件和社会机制尚不完善

我国绝大部分地区尚处于普及九年义务教育阶段，学业主要是在教室里由教师传授。

教育基础设施严重滞后，影响创新能力的培养。

当下，无论政府还是学校，无论社会还是家庭，对孩子的培养都面临教育目标定位、教育方式选择、教育效果评估等一系列的教育改革问题。这些深层次的问题不解决，创新的激励机制和社会环境就难以形成。

3. 影响创新的主观因素

（1）孩子缺乏创新意识和创新欲望

许多孩子进入学校后给自己将来的奋斗目标定位不够准确，往往仅满足于毕业后能找个好工作或是考取研究生，这在一定程度上影响了大多数孩子创新意识和创新欲望的激发。正上学的孩子，他们几乎将所有可利用的时间都花在了学习课本知识上，完全成了“为了考试而学习”，忽略了自己在创新能力方面的培养。创新意识相当淡薄，更谈不上创新欲望了。

（2）孩子缺乏创新兴趣

当代孩子的兴趣往往随着时间、环境、心情而变化，对创新感兴趣的不多，更缺乏创新所需要的深度和广度，这对孩子创新能力的培养是很不利的。

（3）孩子缺乏创新思维定势

在长期的思维实践中，每个孩子都会形成自己所惯用的、格式化的思维模式，当面临外界事物或现实问题时，就会不假思索地把它们纳入特定的思维框架，沿着特定的思维路径进行思考和处理，这就是思维的惯常定势。

思维的惯常定势具有两个基本特点。

一是它的形式化结构；二是它的强大惯性。

孩子虽然尚处于人生的初始阶段，但随着知识的不断增加和阅历的日益丰富，存在于头脑中的认知框架将逐步模式化、固定化，进而弱化孩子的创新意识，影响孩子创新能力的发展。正如法国生物学家贝尔纳所说："妨碍人们学习的最大障碍，并不是未知的东西，而是已知的东西。"

（4）孩子对科学的崇尚意识与参与行为形成了反差

孩子是具有创新动机的，也希望在学习和实践过程中产生新思想与新理论，他们对科学的崇尚意识与参与行为之间存在着很大反差。

一方面他们在认识上追求创新，体现出了比较积极主动的精神状态；另一方面，他们在行动上却迟迟不能落实，主动作用发挥不够，投身实践的勇气和能力欠缺。

父母要抓住孩子内在动机激发学习兴趣。

创新是在内在动机的激发下产生的，在创新过程中内在动机与兴趣直接联系。探究有利于孩子形成对某一类事物的好奇——产生兴趣。

【案例1】

2010年DI创新思维全球赛上，中国派出了23支代表队200多名中学生参赛，最好的一支参赛队成绩仅为第六名。

带队老师感叹：孩子把时间都花在应对考试解题上，很难有时间接受思维能力的训练。

在西安比赛期间，DI中国区总裁对记者说：“DI创新思维大赛是检查青少年创新能力的一次机会。令人欣喜的是，越来越多的学校开始重视培养孩子的创新思维能力了。”

【分析】

中国的孩子参加全球知识比赛的成绩在全球一直名列前茅，说明中国孩子的知识、能力并不比国外孩子差，动手能力比起其他国家相对落后，是什么原因呢？是平时缺少创新思维的训练，学校一直受应试教育的束缚。

【案例2】

日本人早已充分认识到“应试教育”的巨大危害，“二战”以后就开始注重孩子创造力的培养，很快便在发展孩子创造力方面有所进展，创造教育的理念已深深植根于他们的教育之中，进而成为他们整个民族之共识。

日本的幼儿园重视和家庭社区之间的联系，家园联系形式多种多样，幼儿园每个月都会有固定的亲子活动和开放日。孩子的父母会经常收到幼儿园发放的各种通知单之类的信件。这些信件介绍了幼儿园最近的日程、要举行的活动，或者要求父母带领孩子共同完成“作业”，深入接触孩子在幼儿园的日常生活，父母和孩子共同成长。

日本对学前教育场所实行全方位管理。构建和谐朴素、简单有趣的校园环境，使孩子能够尽情展现童真童趣，放飞心灵，自由快乐地成长。建立自由开放的校园氛围，教室里放置大量图书，任由孩子们摆放，甚至可以涂鸦，鼓励孩子们主动创作、自我创新（图4）。

创造丰富多样的校园文化，举行庄重的“入园式”“卒业式”，培养孩子们的仪式感，通过从小对孩子们进行文化熏陶，培养其形成良好的文化修养。

在我们还在为传统节日申遗而争论不休的时候，日本人则早已过了许多个“4.18发明节”。

在我们对高考以及英语四、六级考试的题型比例大伤脑筋的时候，日本人则已举办过无数次发明创造比赛了。

【分析】

为什么日本的国民素质在全球名列前茅，是因为他们早已摆脱了“应试教育的束缚”，明确了学习的真正目的——“为幸福生活而学”。我们的父母强迫孩子学习的目的是什么？为了考个好大学，找个好工作。什么是好工作呢？轻松、舒适，还能挣大钱。多么可怕啊！

认知：

理解：

做件什么事	怎么做的	做中的感悟

准备：

学会做：

本章盘点

◎小问题

回答下面的问题，帮助你理解创新教育在家庭教育中的必要性。

1.创新能力培养的目的是什么?

2.创新要具备哪些基本能力?

3.社会环境对创新的影响有哪些?

4.创新能力形成的主观因素是什么?

5.创新的效果和具体表现是什么?

6.创新与掌握知识的关系是什么?

7.创新的方式与其效果有哪些不同?

8.生活中需要创新哪些问题?

如何做更好的父母

◎收起你的懦弱，摆出你的姿态，在孩子创新时，不要打击孩子的积极性!

◎就算周边的人（含家庭成员）都否定孩子，你也要相信孩子，不要管别人怎么说。

◎脚下的路是自己走出来的，总是犹豫不决，不如勇敢地踏出一步。

◎要相信，世上本没有做不到的事，只有不敢尝试的人。

◎不管孩子如何尽心尽力，都可能不被欣赏，总有人认为他不够好，不管别人的眼里怎么看，你都不能放弃!

“管理好自己”思考题

【反向思维】

◎创新能力培养没有用，孩子就是不创新!

◎再支持孩子创新也没用，他（她）还是不创新!

◎孩子与我，道不同不相为谋!

◎孩子创新不到位很丢人，怕被别人瞧不起！

【正向思维】

◎创新能力培养之后，家庭和睦了！

◎创新能力培养之后，孩子的能力提高了！

◎创新能力培养之后，父母与孩子相处更融洽了！

◎创新能力培养之后，父母与孩子的误会没有了！

与心对话

每日一问：

家庭生活中总有一些磕磕绊绊的冲突点，很多事情都需要创新能力，你面对一些家庭琐事是怎么解决的呢？你身边的家庭又是怎么处理的呢？

请将在家里看到孩子创新能力提升的事记录下来：

陶行知说：汗干了，血干了，热情也干了，僵了，死了，死人才无意于创造。只要有一滴汗，一滴血，一滴热情，便是创造之神所爱住的行宫，就能开创造之花，结创造之果，繁殖创造之森林。

创新思维的养成

- 陶行知经典故事
- 什么是创新思维
- 创新思维的作用
- 创新思维的特征
- 创新思维的表现
- 创新思维的形成
- 让创新思维成为习惯
- 扩展创新思维视角

陶行知经典故事

陶行知在“儿童生活杂志之中心主张”一文中指出：“儿童是新时代之创造者，不是旧时代之继承者。儿童是创造产业的人，不是继承遗产的人。儿童生活是创造、建设、生长，不是继承、享福、做少爷。新时代的儿童是小工人。这小工人，是广义的，不是狭义的工人。在劳力上劳心便是做工。这样做工的人都叫作工人。新时代的儿童必须在劳力上劳心，又因他（她）年纪小一些，所以称他（她）为小工人。小工人必是生产的小工人，建设的小工人，实验的小工人，创造的小工人，革命的小工人。

“儿童的生活便是小工人生活，小生产生活，小建设生活，小实验生活，小创造生活，小革命生活。”

什么是创新思维

在劳力上劳心就是要有独创性的思维，以超常规或反常规的方法、视角去思考问题，突破常规的界限提出不同的解决方案，这就是创新思维。

创新思维是以一种非常规的思维方式，创造出新颖独特的思维成果的综合性思维过程。它是人类思维的最高表现形式，是创新能力的核心因素，是创新活动的灵魂和发动机。

创新思维是相对于习惯性思维而言的，它是一种超出已知的认识范围，具有开创意义的思维活动，是人们面对新的问题和领域，运用新的认识，开拓创新成果的思维。

1. 思维的产生

人通过视觉、听觉、嗅觉、味觉、触觉等五个通道将接收到的信号传递给大脑即形成思维。当“事物”接触到五大思维通道中的任意一个通道时，通道都会快速地将信号传递给大脑，产生相应的思维，“五觉”传递给大脑的信号越多，产生的创新思维就越多。

2. 创新思维的形成

要改变思维方法就要多观察、多了解、多接触、多尝试。多观察才能发现事物特点；多了解才能发现问题；多接触才能了解事物的本质、发现新的机遇；多尝试才能出成果，才能验证方法是否正确，找到解决问题的最佳方案。

3. 创新思维的超越性

创新思维使人在决定某一件事情时不仅敢于否定旧的，更重要的是要创造新的，使旧的变成新的，使落后的变成进步的，展现给人们的是一个新事物的产生。这就是创新思维的超越性。这种思维通过“超越”战胜他人、不断地将思维推向前进。

4. 创新思维的独创性

创新思维在思路的探索上、思维的方法上或者在思维的结论上，都具有前所未有的独到之处，能从“司空见惯”或“完美无缺”的事物中质疑，发表新的创意、新的发现，实现新的突破，具有一定独创性。

5. 创新思维的灵活性

创新思维是一种开放的、灵活多变的思维活动，伴随着“想象”“直觉”“灵感”等非常规性的思维活动而具有极大的随机性、灵活性。它不局限于某种固定的思维模式、程序和方法，可以从一个思路转向另一个思路，从一个意境进入另一个意境，多方位多角度地寻找解决问题的办法，从而达到想要的效果。

6. 创新思维的探索性

创新思维的显著特点是在发展上求创新、求突破，是一种探索未知的活动。它是在探索中发现和解决问题，没有成功的经验可以借鉴，没有现成的方法可以套用。因此，创新思维的过程是极其艰苦的探索过程，其结果也不能保证每次都取得成功，有时可能毫无成效，甚至可能得出错误的结论。

但是，无论它取得什么样的结果，在认识论和方法论范畴内都具有重要的意义。即使它是不成功的结果，也向人们日后的生活研究提供了借鉴。

7. 创新思维的开放性

在创新思维的空间里，拥有着面向生活的思维聚集点，充满着各类生活的宽阔领域，展示了生活创新的广阔性、开放性，不自我封闭，不固定模式，不简单定论。

在思维的时空上，扩大比较的参照系，从多项比较中寻求最佳突破口。

创新思维在判断是非的标准上，不唯书本理论、不唯权威理论、不唯经验论，而是从生活的实践中寻求新的标准，创造有生命力的新事物。

8. 创新思维的综合性

创新思维的综合性，首先表现为“智慧杂交能力”，善于选取前人智慧宝库的精华，经过巧妙结合，形成新的富有创造性的成果；其次表现为“思维统摄能力”，把获取的大量概念、信息、事实、数据综合在一起，进行科学地概括整理，形成能够准确反映客观真理的概念和系统；最后表现为“辩证分析能力”，即对客观事物经过细微观察之后，进行深入分析，准确把握最能反映其本质属性的个性特点，从中概括出事物发展的规律。

认知：

理解：

做件什么事	怎么做的	做中的感悟

准备：

学会做：

创新思维的作用

创新思维是创新活动的基本前提和必要条件，在实践中每一步创新都离不开思维上的创新，创新思维是创新活动的动力和源泉。

创新思维以生活素材为中心，使人们的思维枷锁彻底打开，充分释放大脑思维的空间，让思维纵横，让新观念新思想产生。

1. 创新思维是解决实际问题的需要

从创新结构层面看，创新思维的本质就在于解决复杂的实际的问题，通过顺应与调整，使思维突破和超越旧的思维结构，从创新的角度出发，实现思维素材的超逻辑组合。

2. 创新思维使问题朝着新的方向转变

创新思维主要特征是处理任何事物都必须有“新”的思维，产生新东西。创新思维不受任何条件因素的约束，以生活素材为中心，以提高生活质量为目的，通过创新思维，产生对生活创新、创造的思路。

3. 创新思维使认识或实践取得突破性进展

创新思维是人类生活思维活动的高级形式，突破了旧的思维模式，形成了一个以发散思维为主要思维形式的多元综合系统。

创新思维在生活客观需要的推动下，以新获得的信息和已储存的知识为基础，综合运用多种思维方式，克服思维定式，经过对各种信息、知识的筛选、组合，从中找出解决问题的最优方案，从而使人们对生活的认识或实践取得突破性的进展。

4. 创新思维能使“贫穷”转为“富有”

古今中外，发家致富一直是人类执着的追求和永恒的向往。然而在财富积累的历程中，大多数人会感到力不从心，人们想知道为什么财富总是青睐于极少数人，而与自己无缘。那些站在财富金字塔顶端的企业家在什么方面做得与众不同，从而致富的呢？

【案例】

某山间小镇原来非常贫穷。当全国都富裕起来后，这里依然很穷。既无钱修公路也无钱建高楼大厦，更没什么特产与人交换。可是村民们又不甘心继续穷下去。有什么办法可以让他们富起来呢？

有一位专家向村民们提出建议：你们唯一的致富之路就是搞旅游，出售贫穷落后，出售一无所有。为此，从现在起，你们不要住房子而要住在树上；不要穿布衣而要披树叶、穿兽皮，像几千年前我们的老祖宗那样生活，这样城里人就会来参观、旅游。

开始，村民们听了，感到荒唐，甚至觉得被侮辱了。后来他们想一想，别无其他致富之路，无奈只好试一试了。

消息传开，吸引了大批好奇的游客。这些旅游者住在大树上，披树叶、穿兽皮、吃野菜、喝泉水、在小溪边洗脸洗脚。晚上不仅能听刮风声、雨声，还能听到各种野兽的怪叫声。这种旅游新奇、刺激，吸引了大批的游客，村民们很快就富起来了。

【分析】

看了这个故事你有什么想法，想为家乡做点贡献吗？这种走出困境的奇思妙想虽不是人人都有，但是人人都可以通过对生活的创新产生创新生活的思维。

出卖“贫穷落后”“一无所有”是多么大胆的设想啊！从这个故事中，我们不难悟出：只要敢想、敢干，创新将“无奇不有”，孩子的思维也是同样，父母从孩子小的时候，就要鼓励孩子敢想、敢做。

认知：

理解：

做件什么事	怎么做的	做中的感悟

准备：

学会做：

创新思维的特征

创新思维之所以有别于一般思维而成为一种新的思维形式，其主要特征是思维形式的反常性、思维过程的辩证性、思维空间的开放性、思维成果的独创性和思维主体的能动性。

1. 创新思维形式的反常性

创新思维经常体现为思维发展的突变性、跨越性或逻辑的中断性，这是因为创新思维主要不是对现有概念、知识的循环渐进的逻辑推理的结果和过程，而是依靠灵感、直觉或感悟等非逻辑思维形式对生活中的事物进行创新。

2. 创新思维过程的辩证性

创新思维过程的辩证性是指它既包含有抽象思维，又包含有非逻辑思维；既包含有发散思维，又包含有收敛思维；既包含有求同思维，又包含有求异思维等。由此形成创新思维的矛盾运动，从而推动创新思维的拓展。

3. 创新思维空间的开放性

创新思维空间的开放性是指创新需要从多角度、全方位、宽领域地考察问题，而不是局限于逻辑的、单一的、线性的思维，形成开放式思维。

4. 创新思维成果的独创性

创新思维空间的独创性是创新思维的直接体现或标志，具体表现为创新成果的新颖性及唯一性。

5. 创新思维主体的能动性

创新思维是一种有目的的创新活动，而不是客观世界在人脑内简单、被动地直映，它充分显示了人类活动的主动性和能动性。

认知：

理解：

做件什么事	怎么做的	做中的感悟

准备：

学会做：

创新思维的表现

创新思维通过对旧的事物进行批判性、逆向性、直觉性、转向性的思维，去掉生活中不符合实际的方法，创新、创造出新颖、独特的方法，从而找出解决问题的最佳方案。

1. 批判式思维

批判式思维是有目的的、自我校准的判断。这种判断导致解释、分析、评估、推论以及对判断赖以存在的证据、概念、方法、标准或语境的说明，批判式思维能抓住要领，善于质疑辨析，基于严格推断，富于机智灵气，清晰敏捷；它以广阔性思维为基础，提出各种各样的假设，并使这些假设受到充分的客观事实的检验。

（1）批判式思维的特点

◇对事物的可能性进行严格的质疑和论证。

◇以批判的眼光看待客观与主观意识。

◇以批判的眼光看待别人。

◇以批判的眼光看待自己。

◇以批判的眼光对事物的关键环节提出“为什么”。

用批判式思维处理问题时，能够客观地考虑正反两个方面的意见，虚心进行自我检查，坚持正确的观点，放弃错误的想法，是一种既从实际出发，又善于独立思考的思维。

（2）批判式思维的要点

◇要创新就要敢于批判和改变旧生活。

◇要用科学的观点和依据，对原有的事物产生怀疑。

◇要勇于批判自己和他人原有的知识、观点（包括权威的论断）。

◇要善于独立地发现问题、分析问题和解决问题。

2. 逆向式思维

逆向式思维是指将某一研究对象的具体内容或某种对立的顺序关系的结构，从正反、上下、前后、内外、横竖、大小、真假、“十”与“一”、进退、分解与合成等颠倒过来，从而获得思维成果的方法。

逆向式思维也叫求异式思维，是对似乎已成定论的事物或观点反过来思考的一种思维方式。

（1）逆向式思维有以下特点

◇“反其道而思之”，让思维向对立面的方向发展。

◇从问题的相反方向思考，找到问题的焦点，再进行深入探索。

◇用新思维、新思想、新观点，创立新的生活观念。

（2）逆向式思维的作用

一般情况下，人们都习惯于沿着事物发展的正方向去思考问题并寻求解决办法，某些问题尤其是一些特殊问题，从结论往回推，倒过来思考，从求解回到已知条件，反过去想或许会使问题简单化，使解决问题变得轻而易举，甚至会有新的发现，创造出惊天动地的奇迹来。逆向式思维分为方法逆向和结构逆向两大类。

方法逆向。方法逆向是指用相反的方法去设想和寻求解决问题的新方法。

结构逆向。结构逆向是指从已有事物的相反结构去设想和寻求解决问题的新途径。

在思维的过程中，要有意识地把思维的着重点放在问题的反面，经常反过来调过去地想，采取上下反转、内外移位、排列颠倒等办法，反复琢磨，最终找出解决问题的新方法。

科学需要我们打破常规，克服心理定式，出奇制胜地得到一些新颖的设想和构思。

从反方向看，你就会看到正向所看不到的东西，促进人们把思维从根深蒂固的框框中解脱出来。这种思维方式要求人们改变观念，从常规的反面去探索、从事物功能的反面去考虑，以求形成全新的观念，创造出全新的事物来。

总之，用逆向创新思维时，首先要明确问题求解的传统思路，然后以此为参照，尝试对事物的性能或结构要素进行思维反转，以捕捉与常理相反但又切实可行的方案。

3. 转向式思维

转向式思维就是当思维在一个方向停滞时，及时转换到另一个方向。

有一些人在探索过程中“旱路不通走水路”，在研究结果未达到预期效果时，转向相关学科和边缘学科，同样也做出了重大的贡献。

大画家达·芬奇在绘画创作过程中观察人物、景物和事物时，就善于从一个角度不停地转向另一个角度，对创作对象、题材的理解随着视角的每一次转换而逐渐加深，从而抓住了创作对象的本质，创作出作品。

当今的科学发展日益呈现出既高度综合又高度分化的趋势，各种交叉学科、边缘学科和垄断性学科层出不穷，因此，跨学科研究成为一种趋势。

4. 直觉式思维

（1）直觉式思维的含义

直觉式思维是指对一个问题未经逐步分析，仅依据内因的感知迅速地对问题答案做出判断、猜想、设想，或者在面对疑难时突然对问题产生“灵感”和“顿悟”，甚至对未来事物的结果产生“预感”“预言”等。

（2）直觉式思维的特点

◇直觉式思维具有普遍性。

直觉式思维使人们能在短时间内迅速判定事情是好是坏，根据生活发展的规律给予推理论证，既知其然又知其所以然，在不违背生活规律的前提下产生新的思维形式。

◇直觉式思维具有猜测性。

直觉式思维的猜测性是指通过对思维对象从整体上观察，凭自身已有的知识和经验，通过“想象”做出敏锐而迅速的假设、猜想和判断的行为。直觉式新思维所做出的判断，在未得到实践证明之前，只能把他当作一种猜测和假设。

◇直觉式思维具有反常规的创造性。

直觉式思维的创造性基于对研究对象整体上的把握，不刻意在细节上推敲，它往往是在无意识的想象中产生了新的有价值的思维，使想象更丰富、更发散，促使人的认知结构向外无限扩展。

5. 灵感式思维

（1）灵感式思维的含义

灵感式思维是指长期思考某一问题，受到某些事物的启发和提示，忽然迸发出灵感找到解决问题办法的心理过程。

灵感式思维活动本质上是一种潜意识与显意识之间相互作用、相互贯通的理性思维认识的整体性的创造过程。

（2）灵感式思维的特点

钱学森说："不能以为思维只有逻辑思维和形象思维这两类。还有一类可以称之为'灵感'，也就是人在科学或艺术创造中高超的、突然出现的、转瞬即逝的短暂思维过程。它不是逻辑思维，也不是形象思维，这两种思维都可以持续很长时间，以至于废寝忘食，而灵感却为时极短，几秒钟，甚至一秒钟而已。"

创新思维灵感在人的大脑中停留的时间非常短，是人们的大脑经过对大量事物的充分思考后产生的一种极为微妙的信号，所以，一旦灵感降临时，我们一定要适时抓住，珍惜和体验。

在人类历史上，许多重大的科学发现和杰出的文艺创作，往往是灵感这种智慧之花闪现的结果。

（3）灵感式思维产生的条件

灵感是人脑进行创造活动的产物，收集、积攒大量的生活信息并长期思考是捕捉灵感的基本条件，只有这样，灵感才能在脑海里及时闪现。

广泛的兴趣、丰富的知识有利于激发灵感，是捕获灵感的另一个基本条件。

人们不断地对事物进行观察、联想和想象，灵感就会不断产生。

愉快的情绪，能增强大脑的感受能力，乐观、镇静的情绪可以保证灵感的及时着陆。

捕捉灵感要注意摆脱习惯性思维的束缚，不要受传统的、习惯性的思维束缚，要解放大脑，大胆地思维，灵感才能随时光顾。

要珍惜最佳时机和环境：环境对灵感的产生是十分重要的，不同的环境会产生不同的灵感，一般情况下，优雅、安静的环境更有利于灵感的产生。

（4）要有及时抓住生活创新灵感的精神准备和及时记录下灵感的物质准备

许多有创造性精神的人，都曾体验过获得灵感的快乐，但因为事先没有准备，没有及时记下这些灵感，事过境迁就再也记不起来了，当然并不是头脑里出现的灵感就都有价值，但记录下来以后再慢慢琢磨，决定取舍，对于创新是有利的。

（5）灵感式思维的诱发

◇创新思维点化。

创新思维点化一般在阅读或交流中发生。如达尔文从马尔萨斯《人口论》中读到“繁殖过剩而引起竞争生存”时，大脑里突然想到，在生存竞争的条件下，有利的变异会得到保存，不利的变异则被淘汰，由此促进了生物进化论的思考。

◇生活原型启发。

生活原型启发是根据自己要研究的对象的模型启发而产生的灵感。例如，英国工人哈格里沃斯发明纺纱机的经过，就是受到原来水平放置的纺车，偶然被他踢翻变成垂直状态的启发才研制成功的。又如，意大利文艺复兴时期的著名画家拉斐尔，想构思一幅新的圣母像，但久难以成形，在一次偶然的散步中，看到一位健康、淳朴、美丽、温柔的姑娘在花丛中剪花，这一富有魅力的形象吸引了他，使他立刻拿起画笔创作了“花园中的圣母”。

◇创新情景的激发。

诺贝尔文学奖的获得者莫言，离开喧嚣的城市，深入到农村和那些农民一起体验生活，农民的语言、农民的情感以及农民的活动激发他创作的冲动和灵感，他才写出一部部有价值的著作。

没有生活就不可能有真实的情感，也就不可能迸发出丰富的灵感。

（6）灵感式思维的互动训练

可以试着解决下面的问题，看你是否能产生“灵感”。

一家国际机场的咖啡馆总是宾客满堂，但是人们在候机时会长时间地坐在座位上“仔细”地品味着咖啡而一动不动，这样会影响咖啡店的生意。

于是咖啡店的经理们在想，怎么样才能让客户尽快地腾出座位呢?

他们最终采用的方法是：关掉咖啡店里面的航班监视器。

人们了解不到航班信息，便四处寻找没有“故障”的监视器，于是座位就腾出来了。

当咖啡店里有了足够的座位时，航班的监视器又“突然”开始工作了，于是又吸引了一批新客人进来。

如果你是咖啡店的老板能想到这个创意吗？你是否有更好的“创意”？或者你是否有新的灵感?

又如，爱因斯坦在阿劳州立中学读书时，头脑里孕育出了一个“追光”思想实验的问题。他对这个问题思考想象了十年。在这十年中的思考想象有连续性，当然也出现过连续的中断或间断。爱因斯坦一度觉得折磨他的那“追光实验之谜”看不到解答希望，但由于爱因斯坦对这一问题的思考想象，经过个性心理和理论意识的积淀，达到了一定水平，终于迸发出灵感。

在爱因斯坦的脑中闪现出的灵感一来，他立马找纸写下来，一大发明就这样在灵感中诞生了。

相互交流一下，你对爱因斯坦灵感的产生有什么想法?

写下来：

6. 梦想式思维

（1）梦想式思维的含义

梦想是深藏在人们内心最强烈的渴望，是一种意识里的追求，也是人们走向成功的原动力。

当人遇到思维困难的时候，有些问题的答案竟然在梦中产生，这种梦实际上是人的生活在脑海里的反映，日积月累成了一种不经意的潜意识，这种思维活动就是梦想型思维。

（2）梦想式思维的特点

梦想式思维激发创新意识，从而诱发灵感，这些灵感有的是潜在的闪现，有的是潜能的激发，有的是下意识的信息处理活动。

无数事实表明：每个人都有很多在日常生活中的创新潜能没有被开发出来。例如，无意遐想，也就是说“遐想式”的灵感激发，这种“遐想”只要有知识的沉淀，就会有创新的出现。

人们常说：“日有所思，夜有所梦。”人们白天思考的事，往往会在睡梦里浮现，这种“梦”实际上就是一种遐想，是人的大脑积极创新工作的结晶。

著名心理学家阿德勒指出：“假如我们在白天专心致志地追求某种优越的生活，我们在晚上也会关心同样的问题。”

人们对某一问题思考到了“精思竭虑”的地步，才会产生梦，“梦”是人们创新思维的结果。

7. 行动式思维

（1）行动式思维的含义

行动式思维又叫直觉行动思维，是指思维活动离不开自身对物体的感知，离不开自身的行动。思维借助于行动而产生，即“先行后知”。思维方式是由行动方式来决定的，思维依据行动来进行，行动思维强调在行动中总结事物的发展规律，再产生新的理论用于行动的指导。

（2）行动式思维的特点

直观性和行动性。人的动作是人的思维起点，是解决问题的手段，是人与人之间基本交往的功能。只有思维没有行动，再好的思维也是浪费，创新的关键是行动，想到了就要行动。

所以说在进行思考时要充分运用想象力去发现更多自己感兴趣亟待解决的问题，以保证行动的成功。

（3）行动式思维的缺点

行动式思维的缺点是缺乏对行动结果的预见性和计划性，即思维有狭隘性。

（4）行动式思维的流程

行动式思维的流程是：集中—发散—行动。

◇集中。集中思维即逻辑思维，用一种新的与原来的生活方式不同的想法，集中形成一个可行的方案，经过反复论证，只要有可行性就要坚定不移地去做。

◇发散。为达到行动的目标，提供思考策略。发散过程是启发自我创造的过程，是行动力产生的根源；实施的内容主要分为行动方案、活动时间、活动内容与过程；理出对策或构想，面对咄咄逼人、富有挑战性的一个个难题，找到走出困境的办法，经过梳理，为达到行动目的理出对策或构想。

◇行动。按照具体的实施方案，严格履行。比如，脑海里产生了一种新思维“我要挣钱”(思维产生)；“我希望有更多的钱，越多越好”（集中）；“针对问题探求更多的可行的挣钱的对策或构想”（发散）；“我应该边工作（学习），边将创新产品变成专利产品投放市场挣钱”（行动）。

假如只有“集中”和“发散”，没有“行动”，思维就是空的。

8. 独创式思维

（1）独创式思维的含义

独创式思维是一种与众不同，立意妙而意境深的思维方式，显示一种独特的风格和特色，从而引起大家的注意，产生一定的影响，体现一定的社会价值，具有新颖性、独特性、唯一性的特点。

独创思维是人的一种天性，但后天环境在一定程度上压抑了它，我们可以通过培训等手段，重新将它开发出来，也就是将人的潜能挖掘出来，其意义是相当深远的。

（2）独创思维的表现

打破惯性，产生思维。独创思维打破惯性思维的束缚，对事物进行超常规的思考，从而获得新的知识，这种思维方式往往很容易受到大家的喜爱。

【案例1】

高斯是世界著名数学家，小时候就思维敏捷。他上小学时，一次老师想治一治班上淘气的学生，就出了一道数学题：1+2+3+……+100=？。

老师想，这道题足够他们算半天的了。

谁知，刚刚过了一会儿，高斯就举起手来，说他算完了。

老师一看答案，5050，完全正确，惊诧不已，问高斯是怎么算出来的。

高斯说，先把1和100相加，得到101，再把2和99相加，也得101，最后50和51相加，也得101。一共是50个101，二者相乘就是5050。

【分析】

一颗爱孩子的心很重要，因为只有爱才能解决一切问题。只有爱，才能反映在与孩子交往的时时、事事、处处，这样，孩子感受到来自父母的爱，才能自然而然地爱上父母。让孩子打破常规，大胆地去想，奇迹就会不断地发生。

【案例2】

美国艾士隆公司董事长布什耐一次在郊外散步，偶然看到几个小孩在玩一只肮脏且异常丑陋的昆虫，爱不释手。

布什耐顿时联想到：市面上销售的玩具一般都是形象优

美的，假若生产一些丑陋玩具，又将如何？

于是，他布置自己的公司研制一套“丑陋玩具”迅速向市场推出。

这一思维模式果然奏效，“丑陋玩具”给艾士隆公司带来了收益，使同行羡慕不已。

于是“丑陋玩具”接踵而来，如“疯球”就是在一串小球上面，印上许多丑陋不堪的面孔；橡皮做的粗鲁“陋夫”，长着枯黄的头发、绿色的皮肤和一双鼓胀而带血丝的眼睛，眨眼时又会发出非常难听的声音。

这些丑陋玩具的售价超过正常玩具，一直畅销不衰，而且在美国掀起了营销“丑陋玩具”的热潮。

布什耐研制“丑陋”玩具的思维，就是克服了“玩具都是漂亮的”这一惯性思维的束缚，用自己独特的思维方式，创造出独特的行动。

【小游戏】

有个装满水的杯子，请在不倾倒也不打碎的情况下取出杯子里的水。

独创思维一：让水结冰，然后取出来。

独创思维二：用海绵或其他吸水纸将水吸干。

独创思维三：将一只口渴的小动物放入杯子里，让它把水喝干。

独创思维四：把一只装满水的气球放入杯子，将杯中的水替换出来。

认知：

理解：

做件什么事	怎么做的	做中的感悟

准备：

学会做：

创新思维的形成

培养创新思维是一个艰苦的工程，需要学用结合，不仅要掌握有文字的书本知识，还要掌握没有文字的生活知识，要转变观念，不受传统因素的影响，去观察生活、反复思考，对生活中的问题充分地了解，找到解决生活中实际问题的方法。力争做到以下几点。

1. 因材施教

（1）对不同层次的孩子采取不同的激励方法

对不同层次的孩子采用不同的激励方法，对不同的答案采取延缓策略，以保护孩子的自尊和学习的热情，让每个孩子在自信中独立地思考。

如各位同学轮流上台，与父母、同学们一起提出问题，发表自己的见解，激发孩子的兴趣，活跃孩子的思维。

（2）让孩子对生活的创新思维“活跃”起来

现在越来越多的孩子遇事总是要“思”前“想”后，最终产生一个“想法”。这个“想法”可能是错误的，也可能是创新的。作为父母对于错误的不要指责、讽刺，对于正确的一定要给予鼓励，要想办法让孩子的思维活跃起来，这样，孩子的创新思维就会不断地、积极地产生。

2. 学用结合

（1）要对所学习或研究的事物有好奇心

牛顿少年时期就有很强的好奇心，他常常在夜晚仰望天上的星星和月亮。

星星和月亮为什么挂在天上？星星和月亮都在天空运转着，它们为什么不相撞呢？这些疑问激发着他的探索欲望。后来，经过专心研究，他终于发现了万有引力定律。

从牛顿的创新发明中，我们不难发现，“好奇心”是产生创新思维的开始。

在生活中，我们有了好奇心，对生活才能产生更强的兴趣，才会有创新思维，也才会有对生活的进一步创新。

（2）对所学习或研究的事物要有怀疑态度，不要认为被人验证过的都是真理

许多科学家对旧知识采取扬弃的态度，一个新的论点的提出无一不是从怀疑开始的。

伽利略因为对亚里士多德“物体依本身的轻重而下落有快有慢”的结论有怀疑，才发现了自由落体规律。

怀疑是发自内在的创造，它激发人们去钻研，去探索。我们对事物要大胆地怀疑，不要一味地守旧，要破除旧生活模式的约束，从旧生活中走出来，创造新的生活。

（3）要对所学习或研究的事物有追求创新的欲望

如果没有强烈的追求创新欲望，那么无论怎样谦虚好学，最终都是模仿或抄袭，只能在前人划定的圈子里周旋。要创新，就要坚持不懈地、勇敢地面对困难，要有克服困难的决心，不要怕失败，只要在失败中吸取教训，成功就指日

可待。

（4）要对所学习或研究的事物有求异的观念

要创新就要对所学习或研究的事物有求异的观念，不要“人云亦云”，求异实质上就是换个角度思考，从多个角度思考并将结果进行比较。创新不是简单的模仿。

3. 解放大脑

要发掘创新思维，就要敢想、善于想、敢动脑、善于动脑，自由地想，大胆地想，只有这样，才能提高分析问题和解决问题的能力。

（1）强化创新，让大脑放松思考

面对纷繁复杂的生活，我们要大胆地想，不给大脑带来困惑，避免产生“无奈、脆弱和恐慌”，只有这样才能不断地展开对新事物的思考。

（2）多元思维，创造奇迹

人类的生活不是单一的，是丰富多彩的，那么人类思维的材料也就不是单一的，也是多品种的，因而我们的思维方式也就不是单一的，而是多元的。

多元思维就是多种思维兼用并举，互相回馈，各显其能，对复杂的生活加以研究，归纳、总结、提炼，以期完善地解决问题。

只有突破单一思维的狭隘性、局限性，大力发展多元思维，才能广开思路，发挥主观能动性，才能造就一大批具有高度想象力、高度概括力、高度创造力的创新型人才，才能让思维能力全面发展，推动我们的事业更快地向前发展。

4. 改变观念

（1）人的观念不同，思维方式不同

两对夫妇带孩子上街，孩子同时摔倒了。

甲父母：做妈妈的赶快把孩子抱起来，拍拍身上的土，做爸爸的赶快过来抚摸孩子摔疼的地方，爸爸、妈妈一起赶快哄孩子："别哭，乖，都是这地不平。"然后，朝地下猛跺几脚。

乙父母：爸爸、妈妈把手往后一背很严肃地说："一、二、三！"孩子自己扑腾一下从地下爬了起来，打去身上的土，扑到妈妈怀里表示歉意，看着爸妈请求原谅。

两种不同的观念、不同的思维方式、不同的结果。

甲父母给孩子的概念是："我摔倒了，不怪我，是地不平。"结果是："下次还摔。"乙父母给孩子的概念是："我摔倒是我不好，以后注意不再摔倒。"结果是："不再摔倒。"

一件很小的事，一个把孩子推向了深渊，一个给孩子指明了前进的路。可见，正确的观念在生活中是多么的重要。

（2）半路出家创奇迹

在很多情况下专业领域里的创新，并不一定出自资深的专业人员，而往往会出自一些半路出家、肯动脑筋的人士或者是新手。

认知：

理解：

做件什么事	怎么做的	做中的感悟

准备：

学会做：

让创新思维形成习惯

养成创新思维习惯是开发创新思维和培养创造型人才的关键，只有培养创新思维习惯，才能不断产生创新的思维，为创新生活奠定基础。

1. 让“创新思维”活起来

要创新、要创造，首先要解放大脑，让创新思维活跃起来。打开长期被锁住大脑的精神“枷锁”，让创新思维“活”起来，大胆地去想、大胆地去创新、勇敢地去创造。

父母对于孩子正确的想法要及时给予肯定，对于错误的判断不要盲目地指责。

父母对孩子要多肯定，少指责，充分保护孩子的创造性。只有这样，孩子的思维才会活跃起来，创造型的人格才会慢慢地形成。

不设任何条条框框的限制，让孩子自由地想。

不要受任何条条框框的约束，让孩子大胆地去想。

对错误的想法不要指责，让孩子放开地想。

对正确的想法要给予鼓励，让孩子使劲地想。

孩子敢想，思维才能开阔，身体才能健康地成长，敢想，思想才会进步，敢想，就会有思路，有思路才会有出路；敢想才能敢做，敢做才有作为，有作为就会有创新，有创新就会有创造、有发明。

2. 开动大脑，让创新思维方式不断转变

创新、创造不是书本上写出来的，更没有固定的教材，也不靠课堂上的知识，而是人的大脑思维的产物。如果一个人保守平庸，总是按照旧的、传统的模式去思考问题，他的思维方式就会固化，就只能停留在旧的思维模式里；如果一个人能打破旧的条条框框、善于抓住事物发展的规律、善于创新，那么，他的思维方式就会形成创新思维。所以，要创新生活，就必须开动大脑，让思维模式不断地向创新、创造

的方向转变。

认知：

理解：

做件什么事	怎么做的	做中的感悟

准备：

学会做：

扩展创新思维视角

对于创新思维来说，惯常定势是一种消极性的东西，它使头脑忽略了定势之外的事物和观念。通过科学的训练能够削弱惯常定势的强度，但不能从根本上解决问题。解决这个问题的另一条思路是尽量多地增加头脑中的思维视角，学会从多种角度观察同一个问题。

1. 扩展创新思维的视角：肯定、否定、待定

人的大脑在思考事物的时候，总要给这个事物下一个定性的判断，并以此来表明我们对它的基本态度。问题就在于我们一旦下了某种判断之后，便把这个判断推展到整个事物的各个方面，而忘记了世界上并没有“纯而又纯”的事物。

思维的肯定视角就是当头脑思考一种具体的事物或者观念的时候，首先设定它是正确的、好的、有益的、有价值的，然后沿着这种视角，寻找这种事物或观念的优点和价值。

肯定视角并不新奇，我们的头脑先天都在使用。但是，我们往往只对那些公认的“好的”“对的”“有价值的”东西采用肯定视角；应该要对所有的东西先来一番“肯定视角”的思考。

思维中的“否定视角”与“肯定视角”相反，否定，也可以理解为“反向”的意思，就是从反面和对立面来思考一个事物，把事物或观念认定为错误的、坏的、有害的、无价

值的等，并在这种视角的支配下寻找这个事物或者观念的错误、危害、失败、缺少之类的负面价值。

把事情从反面来考虑，或者颠倒过来考虑，会促使我们产生意想不到的创意。

比如，“吸尘器”就是受“吹尘器”的启发而发明的，就是对“吹尘器”加以否定的结果。

2. 扩展“往日、来日”视角：今日、往日、来日

所谓“往日、来日”思维视角是考察生活的起源、历史和以往的发展，把握了生活的过去，才能更好地思索新生活。

今天的生活肯定是从往日的生活发展而来的，但是，今天和昨天，其间的差别有时大到让人难以相信的地步，很难找到二者还是“同一种生活”的痕迹。

“往日、来日”视角就是思索生活未来的发展，预测它的发展方向和发展道路，并用预测的结果来指导今天的生活。

3. 扩展非我思维视角：自我、非我、大我

从自我角度看：人们观察和思考生活中的问题，总是习惯以自我为中心，用我的目的、我的需要、我的态度、我的价值观、我的情感、我的审美情趣等，作为“标准尺度”去衡量生活。凡是与“自我”这个“标尺”相符合的，便称之为“好的”生活；凡是与“自我”这个“标尺”相违背的，便称之为“不好的”生活。

从“非我”视角看：在人们的思维过程中尽力摆脱“自我”的狭小天地，走出“自我”的围墙，从“非我”的角度，站在“城外”，对同一生活观念进行思考，这样就会得出不同的结论，发现生活的创新点。

从大众视角看：个体与群体是一个矛盾的统一体，从个体的角度看问题和从群体的角度看问题，最后得出的结论是不完全相同的。

从“大我”的角度看：摆脱“小我”的束缚，站在群体的角度来思考，就会使人的视野更加开阔，对新生活产生更加深入的理解，从而产生新的生活思维。

4. 启动创新思维的潜能

人类的人脑是世界上最复杂的、也是效率最高的信息处理系统，人的大脑中往往隐藏着很多信息，只要我们善于动脑、善于开发就会将隐藏的信息激发出来，使人越来越聪明。

（1）激发自我暗示

大脑会对人们的思维产生种种暗示，这些暗示通过显意识进入潜意识，到达意识的深层部分，潜意识乃是暗示的积累与沉淀。暗示积淀的各种各样的图景处在被压抑、被封锁、被束缚、少自由、被控制的状态，遇到偶然的机会就会冒出来，在意识中出现，其表现形式即灵感、直觉、想象等。

暗示又可分为积极的暗示和消极的暗示。积极暗示能够开发头脑中创新的思维潜能，我们要尽可能多地从周围环境和别人那里得到积极暗示，或者直截了当地对自己进行积极暗示，同时要拒绝和抛弃那些压抑创新思维潜能的消极暗示。

（2）自我暗示的5条原则

◇简洁。听、说的语言要简单有力，例如“我越来越进步”等。

◇正面。要避免消极的语言印在潜意识里。

◇信念。做事要有“可行性”，避免因失败而产生心理抗拒。

◇观想。默诵或朗诵自己定下的格言时，要在脑海里清晰地形成意象。

◇感情。要把对生活的感情藏到心里，不能光嘴上说而没有结果，要依靠创新思维感受和协调新生活。

（3）创造创新思维的幽默氛围

从创新思维的角度来说，各种类型的幽默都是言谈举止方面所表现出来的一种创意。也就是说，能够引我们发笑的地方，一定是出乎意料的新东西，都是一些新点子。

5. 多观察，多思考

通过观察发现新奇的事物，在观察过程中，对事物有一个新的认识。

（1）“看”的能力训练

“看”得多，获得的知识信息就多；“看”得准，就记得就牢；“看”得细，发现事物的问题就多，“看”的效果和思维效应是息息相关的。

在生活创新的过程中，要抓住事物的本质特征，进行细致入微地观察，从中准确地找出解决实际问题的方法。

◇提升敏锐性和深究性地看。

晓晓在姑姑家看到一个古怪的钟。第一次看时，此钟显示12：11，20分钟后看显示为11：51，他觉得很奇怪。40分钟他又去看了一次，发现这时的钟显示为12：51。这是怎么回事呢？

◇有意识、有目的、有选择地看（图5）。

找找看，你能看到多少个人头？

0—4张：弱智；

5—8张：一般人；

9—11张：特别感性；

11—13张：精神分裂。

图5　有目的有选择地看

从以上图中我们不难发现观察力不是天生的，而是后天学习来的。

◇发现问题地看。

很多人正坐在一个大厅里听演讲，突然冲进来两个人，一个人在前面跑，一个人拿着枪在后面追，很快就又冲出了会场，听众“哗然”，不知所措。

这时主持会议的人宣布：现在请把你刚才看到的尽量记

下来，并详细描述。

全场人都看见了，但有些人只看到一个人在前面跑，一个人拿着枪在后面追，至于这两个人的穿戴、长相、身材等说不出来。

这就是说，看见与观察是有区别的：看见的只能看到事物表层的一点点；观察的不仅能看到事物表面，还能觉察到事物的本质。

你认为观察和看还有什么区别？我们应该怎样看问题？看问题应该抓住什么要点？

◇长期比较着看。

长期比较着看就是用肉眼和其他事物比较着观察。

美国某大学一位老师给一群刚毕业的大学生出了这样一道题："19世纪，美国的加州发现了金矿。许多做着淘金梦的热血青年为了得到黄金，纷纷蜂拥而去，可一条大江挡住了他们的必经之路。遇到这种情况，你会怎么办呢？"

想一想：这个信号在传递过程中发生了什么变化？你的大脑做出了什么反应，请说说看。

让我们再听听这位老师是怎么说的吧？

这位老师说："为什么非要去淘金呢？为什么不可以买一条船搞营运，时代的需求如雨后春笋般应运而生，如计算机、物理、化学、电子、天文、考古学等。干什么不行呢？"

想一想：这位老师怎么会产生这样的想法？他是怎么想的？

法国著名昆虫学家法布尔观察槲蚕蛾交配6年；观察蜜

蜂30年；观察蝉蜕40年，终于在他92岁时出版了巨著《昆虫记》。

长期比较着看的特点是什么？在日常生活中你有过这样的经历吗？如果有写下来，没有以后准备怎么尝试？

◇琢磨着看：“行视”。

以中等速度穿过某个教室、办公室，或者绕着房间走一圈，迅速留意尽可能多的物体，然后闭上眼睛回想，把你所看到的尽可能详细地写出来。

再边走边观察某人的服饰、长相、动作等，然后闭上眼睛回忆，把你所看到的尽可能详细地写出来。

◇回忆着看：“速视”。

取出10张扑克牌(也可用识字卡片)，闭着眼把它们面朝上，尽量分散地放在桌面上。睁开眼，用较短的时间仔细看它们一眼。然后转过身，凭你的记忆把所看到的字写下来。

再用另外10张扑克牌(也可用识字卡片)重复这一练习，每天这样练习三次，重复10天。

在第10天注意一下你取得了多大进步，写下来。

◇重复地看：“统视”。

睁大你的眼睛，集中注意力，注视正前方，眼珠不要来回转动，观察你视野中的所有物体，坚持数10秒后，回想所看到的东西，凭借你的记忆，将所能想起来的物体的名字写下来（不要凭借你已有的信息和猜测来做记录）。

重复10天，每天变换观察的位置和视野，在第10天把你的进步写下来。

以上训练不仅能培养孩子的观察意识，还可以通过训练使孩子“视而不见”和“熟视无睹”的错误不再重犯，与同学、朋友、亲人的关系也会发生微妙的变化。

（2）“看”“读”结合的训练

“看”是一句话、一篇文章、一道题所包含的核心意思，我国著名语言学家、教育家张志公先生指出：“现在具备一目十行、过目成诵的能力，已经不是神童才子的事，而是每个人都能并且应该具备的阅读能力。”

张志公讲的这段话的知识点是什么呢？是“每个人都应该具备阅读能力”。孩子明白了这个道理，就会努力学习，争取具备阅读能力（图6）。

认知：

理解：

做件什么事	怎么做的	做中的感悟

准备：

学会做：

本章盘点

◎小问题

回答下面的问题，帮助你理解创新思维在家庭教育中的必要性。

1.创新思维培养的目的是什么？

2.创新要具备哪些基本能力？

3.社会环境对创新的影响有哪些？

4.创新思维形成的主观因素是什么？

5.创新的效果和具体表现是什么？

6.创新与掌握知识的关系是什么？

7.创新的方式与其效果有哪些不同？

8.生活中需要创新哪些问题？

如何做更好的父母

◎收起你的懦弱，摆出你的姿态，在孩子创新时，不要打击孩子的积极性！

◎就算周边的人（含家庭成员）都否定孩子，你也要相信孩子，不要管别人怎么说。

◎脚下的路是自己走出来的，总是犹豫不决，不如勇敢地踏出一步。

◎要相信，世上本没有做不到的事，只有不敢尝试的人。

◎不管孩子如何尽心尽力，都可能不被欣赏，总有人认为他不够好，不管别人的眼里怎么看，你都不能放弃！

"管理好自己"思考题

【反向思维】

◎创新思维培养没有用，孩子就是不创新！

◎再支持孩子创新也没用，他（她）还是不创新！

◎孩子与我，道不同不相为谋！

◎孩子创新不到位很丢人，怕被别人瞧不起！

【正向思维】

◎创新思维培养之后，家庭和睦了！

◎创新思维培养之后，孩子的能力提高了！

◎创新思维培养之后，父母与孩子相处更融洽了！

◎创新思维培养之后，父母与孩子的误会没有了！

与心对话

每日一问：

家庭生活中总有一些磕磕绊绊的冲突点，很多事情都需要创新思维，你面对一些家庭琐事是怎么解决的呢？你身边的家庭又是怎么处理的呢？

请将在家里看到孩子创新思维提升的事记录下来：

陶行知说：教师的成功是创造出值得自己崇拜的人。先生之最大的快乐，是创造出值得自己崇拜的学生。说得正确些，先生创造学生，学生创造先生，学生先生合作而创造出值得彼此崇拜之活人。

教育要注重人际交往培养

- 陶行知经典故事
- 何谓人际交往能力
- 人际交往能力培养的维度
- 与人合作能力的养成
- 与人交往能力培养

陶行知经典故事

陶行知先生非常善于演讲，他的语言幽默风趣，生动形象，谁听了都会被他深深吸引，为他演讲中强大的逻辑力量所折服。在他一生无数次的演讲中，有一次别开生面的演讲，更是令人拍案叫绝，直到今天仍然令人回味无穷。

那是陶行知1938年在武汉大学做的一次演讲。

那一天，大礼堂里挤得满满的，不仅全校师生都来听，连附近学校的师生和各界人士都闻讯赶来。他们都知道，陶行知先生是著名的教育家，都想来一睹他的风采，并听他说些什么。

会议开始后，有几位先生先后上台作了演讲。轮到陶行知时，会场上响起了一阵热烈的掌声。只见他不慌不忙地夹着一个皮包走上了讲台。他戴着眼镜，穿着西服，未曾开口，先向全场扫视了一遍。大家屏息凝神，都望着他，等他开口说话。有的人还打开速记本，准备把陶行知讲的每一句话都记下来。

出乎大家意料的是，陶行知并没有讲话。他从包里抓出一只活蹦乱跳的大公鸡。公鸡喔喔地乱叫。台下听众一个个目瞪口呆，不知他葫芦里卖的什么药。接着，陶行知从口袋里掏出一把米，放在桌上。他左手按住鸡的头，逼它吃米。鸡直叫不吃。

陶行知又掰开鸡的嘴，把米硬塞进去。鸡挣扎着仍不肯吃。接着，陶行知轻轻松开手，把鸡放在桌子上，自己后退了几步。只见大公鸡抖了抖翅膀，伸头四处张望了一下，便从容地低下头吃起米来。

这时，陶行知说话了："各位，你们都看到了吧。你逼鸡吃米，或者把米硬塞到它的嘴里，它都不肯吃。但是，如果你换一种方式，让它自由自在，它就会主动地自己去吃米。"

陶行知又向会场扫视了一圈，加重语气说："我认为，教育就跟喂鸡一样。先生强迫学生去学习，把知识硬灌给他们，他们是不情愿学的，即使去学也是食而不化，过不了多久，他还会把知识还给先生的。但是，如果让学生主动去学习，充分发挥他的主观能动性，那么，效果一定会好得多！"

陶行知讲完，把公鸡装进皮包，又向大家鞠了一躬，说："我的话讲完了。"便退下场去了。听众们一时还没有反应过来。但只是过了一会儿，会场上便爆发出雷鸣般的掌声。很多人边鼓掌边喊："好！陶先生讲得好！讲得好！"

何谓人际交往能力

创新不是孤立的，离不开人际交往，有了创新的基础能力，要想完成以至于真正地创造出新的产品，关键是与他人的配合，这里的配合就是人际间的交往。

人际交往能力是孩子成长过程中不可缺少的基本素质。主要包括：语言表达能力、倾听能力、交友能力、观察能力，以及处理生活中各种问题的能力。与人交往和相处的问题不是孩子天生就有的，这一问题在孩子一生中的表现有其特殊性。孩子从出生到走向工作岗位前的主要任务是为走向社会做好基础准备，而人际交往能力的培养是最不可忽视的。

人际关系能力主要表现在三个方面。

1. 表达理解能力

表达理解能力首先意味着孩子是否能够将自己内心的思想表现出来，还要让他人能够清楚地了解自己的想法；其次就是理解他人表达的能力，也能直接地证明其社会适应的程度。

2. 人际融合能力

表明了孩子是否能够体验到他人的可信以及可爱，它和人的个性（如内外向等）有极大的关系，但又不完全由它决定，更多的是一种心理状态。

3. 解决问题的能力

当前一些孩子的弱点是依赖性强，独立解决问题能力差，再加上应试教育的弊端，严重影响了孩子的交往能力。

【案例1】

小王的女儿桐桐2岁时，小王就通过看书认识到她应该多交朋友，所以，总是特别热情地拉着女儿的手，跟小朋友打招呼。桐桐不爱说话，急性子的小王就替她说不想玩游戏我就替她参加。每次游戏桐桐总是默默地跟在后面。

后来，小王发现桐桐一个人的时候，竟然不知道自己玩什么，而且特别在乎别人是否把她当朋友。

上幼儿园之后，她经常说不想去幼儿园，因为没有好朋友。

小王开始意识到强迫孩子交往已经给她带来了深深的焦虑和不安。

小王再也不强迫桐桐了，带她出去游玩时，慢慢引导她自己玩。

小王的转变也带来了孩子的转变，桐桐变得越来越自信，跟小朋友打招呼也很自然，朋友逐渐多起来。

【分析】

这件事让小王深深感到：每个孩子有他（她）独特的个性，都需要按照自己的节奏成长，父母只要适宜呵护就好，而不是去干涉或包办他（她）的人生。

【案例2】

《三国演义》中的周瑜是个博学多艺、肚量狭小的英雄，据《三国志》记述，周瑜并不是心胸狭隘，反而由于自身的豁达包容有一份好人缘。例如，吴国元老程普原来与周瑜不和，关系很不好。周瑜不因程普对自己的不友善，就以其人之道还治其人之身，只是不抱偏见、包容待之。

时间长了，程普了解了周瑜的为人正直，深深感动，感受到和周瑜相处，“若饮醇醪自醉”——如同喝过醇厚佳酿自醉一般。

【分析】

历史上的周瑜，不是被诸葛亮气死的，也根本不存在“三气周瑜”的任何蛛丝马迹。若从周瑜与孔明在当时所处的历史背景以及他们俩在赤壁之战前后的政治地位、历史作用看，真正的赢家倒是周瑜而不是孔明。才华横溢、精明老到的周瑜，实际上远远盖过了初出茅庐的孔明。

认知：

理解：

做件什么事	怎么做的	做中的感悟

准备：

学会做：

人际交往能力培养的维度

人际交往能力包括：人际感受能力、人际记忆力、人际理解力、人际想象力、人的风度和表达力五个维度。

1. 人际感受能力

人际感受能力指对他人的感情、动机、需要、思想等内心活动和心理状态的感知能力，以及对自己言行影响他人程度的感觉等。

2. 人际记忆力

人际记忆力是记忆交往对象个体特征，以及交往情景、交往内容的能力，也是记忆与交往对象及其交往活动相关的一切信息的能力。

3. 人际理解力

人际理解力即理解他人的思想、感情与行为的能力。人际理解力暗示着一种去理解他人的愿望，能够帮助孩子体会他人的感受，通过他人的语言、语态、动作等理解并分享他人的观点，抓住他人未表达的疑惑与情感，把握他人的需求，并采取恰如其分的语言说明自己与他人的情感。

4. 人际想象力

以对方的地位、处境、立场思考问题、评价对方行为的能力，也就是设身处地为他人着想的能力。

5. 人的风度和表达力

风度和表达力是人际交往的外在表现。指与他人交际的举止、做派、谈吐、风度，以及真挚、友善、富于感染力的情感表达，是较高人际交往能力的表现。

【案例1】

外国作家马可·吐温机智幽默。

有一次他去某小镇，临走前有人对他说，那边的蚊虫非常强大。来到那个小镇，正当他在旅馆办理入住手续时，一只蚊虫恰好在他眼下回旋，这使员工极为难堪。

马可·吐温却毫不在意地对员工说："贵地蚊虫比传说中不知道聪慧几倍，它竟会事先看中我的卧室号，便于夜里惠顾、饱餐一顿。"大伙儿听了禁不住开怀大笑。结果，这一夜马可·吐温睡得十分甘甜。

原来，宾馆全体人员一齐驱逐蚊虫，不许这名赢得许多人钟爱的文学家被“聪慧的蚊虫”叮咬。

马可·吐温的风趣，不但使他拥有了一群真挚的朋友，并且也因而获得路人的“照顾”。

一位商界阔佬对马克·吐温说：“我想借助您的大名，给敝公司做个广告。”马克·吐温说：“当然可以。”

第二天在马克·吐温主办的报纸上登出了如下文字：

“一只母苍蝇有两个儿子。她把这两个儿子视若掌上明珠，爱护备至。一天，母子三个飞到某某商业公司的商店里。一只小苍蝇去品尝包装精美的糖果，忽然双翅颤抖落下来，一命呜呼！另一只小苍蝇去吃香肠，不料也一头栽倒，顷刻毙命。母苍蝇痛不欲生，扑到一张苍蝇纸上意欲自杀，尽管大吃大嚼，结果却安然无恙！”

阔佬看完广告，气得直翻白眼。

【分析】

幽默讽刺不仅仅是嘲笑人类的弱点，而且是以夸张手法，将它放大了给人看，希望人类变得更完美、更理想。马可·吐温站在人道主义立场上，尖锐地揭露了美国民主与自由掩盖下的虚伪，批判了美国作为发达资本主义国家固有的社会弊端，诸如种族歧视、拜金主义、教会的伪善、扩张侵略等，表现了对真正意义上的民主、自由生活的向往。

【案例2】

妻子正在厨房炒菜。

丈夫在她旁边一直唠叨不停："慢些！小心！火太大了！赶快把鱼翻过来！快铲起来，油放太多了！把豆腐整平一下！"

"闭嘴！我懂得怎样炒菜。"妻子脱口而出。

"你当然懂，太太，我只是要让你知道，我在开车时，你在旁边喋喋不休，我的感觉如何。"丈夫平静地答道。

【分析】

丈夫的本意是告诉妻子"开车时不要在旁边喋喋不休"，而采取妻子炒菜时在旁边唠叨不停的办法，促使妻子学会体谅他人，站在对方的角度和立场看问题，接受自己的意见，是多么幽默而有效的方法啊！

认知：

理解：

做件什么事	怎么做的	做中的感悟

准备：

学会做：

与人合作能力的养成

在人际交往中与人合作和协调的能力是不可缺少的，也是保证事业成功的必要能力。

1. 人际相处切忌撒谎

撒谎是被人所鄙夷的行为，尤其是在合作中务必要实事求是，不得用谎言来骗取他人的信任。

说谎会导致兴奋和抑制过程的平衡紊乱，引起他人的误解，甚至会给合作带来不可估计的损失。所以，在合作过程中切忌对合作者说谎话。

2. 赞美不宜过多“恭维”

赞美，是人际关系的润滑剂，它可以使人际关系融洽和谐，但必须恰到好处。若在合作中进行过多的恭维，会令人心生轻蔑、厌恶，不利于合作成果的形成。

实事求是、适当地赞美对方，可以创造一种热情、积极的合作气氛。

赞美可以获得对方的回报。如果能够满足别人的渴求，懂得赞许、善于赞许，那么就将成为一个有理解力、有吸引力的人，但如在交往中过度恭维对方，不但会降低自己的人格，而且还得不到对方认可。所以，在交往活动中不宜讲过多的恭维话。

3. 常用“微笑”增进友谊

愉快的笑声不但有益健康，还能增进合作者的友谊，特别是交谈中的“微笑”能取得一般词语难以取得的效果。

当与陌生人会面时，对方可能显得拘束，此时如能说句笑话，引起双方的笑声，使对方感到轻松而亲切，拘束感就会减弱，当对方提出的问题不好回答时，笑声可以延缓思考的时间，使你找出恰当的应答方式，当交谈气氛紧张时，适时的“微笑”可以缓解紧张的气氛，成为打开僵局的“调和剂”。

此外，用“微笑”来拒绝对方的要求，既可缓和气氛又不使对方难堪。同时，“微笑”还能驱散烦恼、消除疲劳等。

总之，“微笑”是一种很高效的表达方式，在与人交往中，不能没有“微笑”，但是笑要恰到好处。

4. 用积极、肯定的眼光看待人

善于发现并赞美别人的优点，是与人合作能力养成的关键，在与人交往中适当恭维一下，愉快接受别人的批评和建议，有利于与对方达成情感的交流。

如果触伤对方感情后，要及时向人道歉。当有人不同意你的观点、见解时，不必强迫他人接受或感到烦恼。

自己有错时，要勇敢地承认自己的错误。在交谈时让别人把话讲完，再表达你的意见，别人讲话时留神倾听。

5. 与人沟通要学会倾听

专注对方，不能三心二意，要善于在自己无兴趣的话题中找出有意义的东西，见机把对方要表达的内容和自己的感受简要地讲出来，听对方表述时不要有先入为主之举，听对方讲完后再找出主题和要点。

另外，运用非语言形式来进行人际沟通是提高交往技能的另一种方式。有时候，一个眼神、一个手势、一个微笑便可以拉近人与人之间的距离。

总之，人际交往的技能多种多样，只有较好地综合运用，才能在人际交往的过程中取得良好的效果。

【案例1】

张海迪5岁时因患脊髓血管瘤，高位截瘫，因此，没有进过学校，童年时就开始以顽强的毅力先后自学了小学、中学、大学的专业课程。

15岁时随父母下放聊城莘县一个贫穷的小山村，她没有惧怕艰苦的生活，总是以乐观向上的精神奉献自己的青春。后来，还用自己自学的知识在村里小学教书，克服种种困难学习医学知识，为乡亲们针灸治病，在莘县期间，她无偿地为人们治病一万多人次，受到人们的热情赞誉。

1983年，海迪走上了文学创作的道路，她以顽强的毅力克服疾病和困难，精益求精地进行创作，执着地为文学而战，至今已出版的作品有：长篇小说《轮椅上的梦》《绝顶》，散文集《鸿雁快快飞》《向天空敞开的窗口》《生命的追问》，翻译作品《海边诊所》《丽贝卡在新学校》《小米勒旅行记》《一头大象的真实故事》等。她的作品在青少年中引起了很强的反响，长篇小说《轮椅上的梦》已经在日本、韩国出版。

【分析】

张海迪的成功与其乐观向上的性格密不可分，她能够把自己的人生与相遇的人连在一起，促使自己顽强地与生命斗争，最终取得胜利。

【案例2】

有一天，美国著名主持人林克莱特访问一名小朋友："你长大了想当什么呀？"小朋友天真地回答："我要当飞机驾驶员！"林克莱特接着问："如果有一天，你的飞机飞到太平洋上空，所有引擎都熄火了，你会怎么办？"

小朋友想了想说："我先告诉飞机上的人绑好安全带，然后我挂上我的降落伞，先跳下去。"当现场的观众笑得东倒西歪时，林克莱特继续注视着这孩子，孩子的两行热泪夺眶而出，林克莱特发觉这孩子的悲悯之情远非笔墨所能形容。

于是林克莱特问他：“为什么要这么做？”小孩子道出一个孩子的想法：“我要去拿燃料，我还要回来！我还要回来！”

【分析】

主持人与众不同之处，是他能够让孩子把话说完，并且在现场的观众笑得东倒西歪时，仍保持着倾听者应该具有的亲切、平和、耐心的状态，正是因此林克莱特才听到了这名小朋友最善良、最纯真、最清澈的心语。

【案例3】

王宇是一名初二的学生，他对画画很感兴趣，有时在课堂上画画，一度导致学习成绩下降，父母知道之后劈头盖脸把王宇骂了一遍，王宇想和父母说自己真实的想法，但是父母并没有听他的解释，惩罚他回房间反省不准吃晚饭，让他以后好好学习。

王宇感到非常委屈，因为他不知道为什么自己不能学习自己喜欢的画画。父母为了“考试成绩”不让他画画，导致他厌学。

从此之后，王宇经常逃课不愿意去学校，也不愿意和父母交流，他觉得父母根本不了解他，只知道“考试成绩”，根本就不关心自己到底喜欢什么，这是他拒绝和父母沟通的理由。

【分析】

王宇是愿意和父母说自己内心的想法的孩子，但是父母却不愿意倾听，并且没有对王宇进行一个正确的引导，导致了王宇最后厌学并且不愿意和父母沟通。所以，父母一定要去倾听孩子的心声，并给予正确的引导。

认知：

理解：

做件什么事	怎么做的	做中的感悟

准备：

学会做：

与人交往能力培养

当下大部分孩子都是独生子女，父母平时上班忙，没时间陪伴孩子，多数孩子都感到孤独，长此以往孩子在社交能力上就有了欠缺。

父母应该怎样培养孩子与人交往的能力呢?

1. 父母的行为是最好的榜样

父母平时与周围人的交际一直在潜移默化地影响着孩子，孩子看到父母的热情和自信、不说脏话、礼貌用语，就会慢慢学会如何在与他人交际时给人留下有教养的好印象。

2. 注重培养孩子积极主动的性格

性格活泼的孩子会乐于与人交流和相处，他（她）们都有较强的社交能力和需求。

有的孩子面对生人往往会胆怯，常常躲在父母身后，此时父母就要鼓励孩子，即使孩子当时做不到，也不要当着生人面数落孩子，越数落（指责、批评），孩子越紧张，更放不开手脚。

出现这种情况的根本原因是孩子与人接触少，作为父母发现问题后，应该增加孩子与人接触的机会，从鼓励孩子与人打招呼、待人接物做起，让孩子敢于和陌生人交流，这样一来，孩子在交谈的过程中，自然就会增加胆量，而且还可以锻炼各种沟通技巧，久而久之，孩子的行为就会改变，积极主动的性格也就会逐步形成。

3. 放手让孩子主动解决问题

比如，出门购物，去餐馆点餐时，孩子有什么需求喜好，让他直接跟店员沟通，甚至讨价还价，这些都是对孩子的一种社交能力的培养。

在商场里孩子有什么想要的新玩具，让孩子说明必须要买的理由，如果孩子能把父母说服，而不是任性，不仅要满足孩子的需要，还要给予相应的奖励。

4. 学会和同龄人友好相处

孩子与同龄人的社交往往是在游戏中产生的，让孩子主动邀请其他小朋友一起参与游戏，与小朋友分享玩具，在游戏中体会分享的快乐等。

在玩耍中如果小朋友有小口角、小打闹，父母不要过度干预，该道歉、该和解的要让孩子自己去解决，不要因担心孩子被欺负而限制孩子与同龄人的交往。

5. 培养孩子自我介绍的能力

让孩子当着众人的面自我介绍，不仅有利于培养孩子与人交往的勇气，还可以提高孩子的语言表达能力和内省能力，孩子可能开始时比较害羞，但人际交往能力依然会有所提升。另外，在与同龄小朋友玩耍的过程中，还可锻炼孩子与孩子之间的交往能力和合作意识。

6. 常让孩子参与家务劳动

孩子人际交往能力的提高，需要一定的过程和父母的精心设计与安排。如父母在做家务的过程中，可以假装自己干不了，需要孩子帮忙才能完成，这样一方面可以培养孩子热爱劳动，帮助他人的意识，另一方面可以锻炼孩子的合作意识。

【案例1】

王虎的父母用了5个简单的方法提高了王虎的注意力。

一是保证足够的睡眠。大脑和其他器官一样，需要足够的睡眠。

小虎常常因睡眠不足导致玩耍时打瞌睡、走神等，小虎的父母针对此情况适当调整了小虎的睡眠时间，除晚上按时入睡，还增加了午休，小虎很快精神起来了，平时做事注意力更加集中了。

二是定期锻炼。锻炼能够促进氧气流向大脑，反过来又能让大脑更有效地工作，提高孩子的注意力。

小虎的父母每天带领小虎晨练30分钟，没想到小虎每天不仅精神充足，而且身体也健壮起来了。

三是在大脑最活跃时学习、游戏。

每天一到晚上7点，小虎的父母要么要小虎看电视、要么就让他早早睡觉，后来发现晚上7点、9点是小虎大脑最活跃的时候，与其沉迷于电视或其他东西，不如用在相关的学习或游戏上，于是就在这个时段小虎的父母安排小虎进行学习，取得了很好的效果。

四是简单的运动。让小虎做一些简单的运动来提高注意力，使感官得到最大程度的放松。例如，试着去听你周围的小事情、数一数每天走多少楼梯，有助于增加大脑参与做的活动数量，也会增加小虎对外界事物的注意力。

五是有意识地训练大脑。

“每次都告诉自己：你现在做的事对你意味着什么，你是否需要按时完成它。”是小虎父母对小虎的要求。

让孩子告诉自己的大脑：如果专注做事情，就会得到什么好处。这样训练孩子的思维，无形中提高了小虎的注意力。

【分析】

小虎的父母在培养小虎的注意力上，用了5个简单的方法，小虎的行为有一定的代表性，这5个方法也适用于大部分孩子，应该给大家以启示。

【案例2】

某日，张三在山间小路开车，正当他悠哉地欣赏美丽风景时，突然迎面开来一辆货车，满口黑牙的司机摇下窗户对他大骂一声：“猪！”张三越想越生气，便摇下车窗回头大骂：“你才是猪！”刚骂完，便撞上一群过马路的猪。

回到家里，张三将此事讲给了儿子，儿子问他："是不是做父亲的总比做儿子的知道得多？"

张三回答："当然啦！"

儿子问："电灯是谁发明的？"

张三说："是爱迪生啊！"

儿子又问："爱迪生的爸爸怎么没有发明电灯呢？"

张三张口结舌，儿子说："很奇怪，喜欢倚老卖老的人，特别容易栽跟斗。"

【分析】

这个故事告诉我们：不要错误理解别人，错误的理解只会让自己吃亏，并且使别人受辱。在不明所以之前，先学会耐心观察，以免酿成大错。

"很奇怪，喜欢倚老卖老的人，特别容易栽跟斗。"儿子对爸爸的批评很幽默。误事往往在不了解、无理智、无耐心、缺少思考、未能了解事情真相、感情冲动的情况下发生。

【案例3】

小明和小梁家是邻居，因为他们同一年出生，所以父母约定好他们上一个小学在一个班，小明和小梁二人的性格完全不一样，小明的性格活泼开朗、乐于助人，有好东西总会和身边人分享，因为他的爸爸妈妈总是教他：要和身边的人好好相处，每个人都会有遇见困难的时候，你帮助别人，以后别人也会帮助你，"赠人玫瑰，手有余香"，所以，在学校有很多小朋友愿意和他一起玩。

小梁看见需要他帮忙的事情总是避之不及，有好东西总是自己藏起来，而且喜欢占别人的小便宜，因为他的父母和他说“各扫门前雪”，不要管别人的事情，教他如何能多占点小便宜，所以，小梁在学校没有什么小朋友和他一起玩。

【分析】

这个故事告诉我们，小孩子的性格养成和父母的教育有很大的关联，因为小孩子和父母待在一起的时间是很长的，所以他们价值观的建立会受到父母言传身教的影响，因此父母一定要注意自己的言行举止，给孩子积极的引导（图7）。

认知：

理解：

做件什么事	怎么做的	做中的感悟

准备：

学会做：

本章盘点

◎小问题

回答下面的问题，帮助你理解与人合作能力的培养在家庭教育中的必要性。

1.与人合作能力培养的目的是什么？

2.与人合作能力培养首先要学会什么？

3.与人合作能力培养的步骤是什么？

4.与人合作能力培养有哪些环节？

5.与人合作能力培养有什么效果和表现？

6.与人合作能力培养和掌握知识应该如何链接？

7.与人合作能力培养的方式不同，其效果有哪些不一样？

8.生活中需要与人合作的问题有哪些？

如何做更好的父母

◎收起你的懦弱，摆出你的姿态，在对孩子进行与人合作能力培养时，不要打击孩子的积极性！

◎就算周边的人（含家庭成员）都否定孩子与人合作的能力，你也要相信孩子，不要管别人的看法。

◎脚下的路是与人合作出来的，总是犹豫不决，不如勇敢地踏出一步，要相信，世上本没有做不到的事，只有不敢尝试的人。

◎不管孩子如何尽心尽力，都可能不被欣赏，总有人认为他不够好，不管别人的眼里怎么看，你都不能放弃！

“管理好自己”思考题

【反向思维】

◎与人合作能力培养没有用，孩子不愿意与人合作！

◎支持孩子与人合作到位了，孩子还是不与人合作！

◎孩子与我，道不同不相为谋！

◎与人合作能力培养不到位很丢人，怕被别人瞧不起！

【正向思维】

◎与人合作能力培养之后，家庭和睦了！

◎与人合作能力培养之后，孩子的能力提高了！

◎与人合作能力培养之后，父母与孩子相处更融洽了！

◎与人合作能力培养之后，父母与孩子的误会没有了！

与心对话

每日一问：

家庭生活中总有一些磕磕绊绊的冲突点，很多事情都需要与人合作，你面对这些家庭琐事是怎么解决的呢？你身边的家庭又是怎么处理的呢？

请将孩子与人交往的典型案例记录下来：

陶行知说：小孩的体力和心理都需要适当的营养。有了适当的营养，才能发生高度的创造力，否则创造力就会被削弱，甚而至于夭折。

教育目的是能力的提升

- 陶行知经典故事
- 什么是能力
- 知识与能力的关系
- 有知识不等于有能力
- 如何评价孩子的能力
- 理解并应用的知识才有力量

陶行知经典故事

“宁为真白丁，不做假秀才”，是陶行知的一句名言，他不仅严格要求自己，对自己的孩子，同样严格要求。他的二儿子晓光没有正规学历。1940年夏，晓光经人介绍去成都一家无线电修造厂工作。厂方要看他的学历资格，他拿不出，就写信给育才学校副校长，请他寄一张晓庄学校的毕业证书来。证明刚刚寄到，陶行知的急电也到了，严厉阻止他用这张证明，并要晓光立即将证明寄回。接着，又是一封快信，信中说：“我们必须坚持‘宁为真白丁，不做假秀才’之主张……总之，‘追求真理做真人’，不可有丝毫的妥协。你若记住这七个字，终生受用无穷。”以后，“追求真理做真人”七个字，便成了晓光的座右铭。

什么是能力

能力是完成一项任务所体现出来的综合素质。人们在完成活动中表现出来的能力有所不同，能力是直接影响活动效率，并使活动顺利完成的个性心理特征。

能力总是和人完成某一项目（一件事）相联系的。能力离不开实践，即离开实践无法表现人的能力，也不能发展人的能力。

学习掌握知识的目的是运用知识学会做事，这是每一位学习者必须具备的心理特征，也是人们为达成一个目的而需具备的基本能力。

能力是生命物体对自然探索、认知、改造水平的度量。如解决问题的能力，动物、植物的生殖能力等。

能力可分为：一般能力、特殊能力、认知能力、再造能力和创造能力。

1. 一般能力

一般能力是指人们在进行各种活动时，必须具备的基本能力。它保证人能有效地认识世界，改造世界，又称为人的智力。

智力包括个体在认识活动中所必须具备的各种能力，如感知能力(观察力)、记忆力、想象力、思维能力、注意力等，其中抽象思维能力是能力提升的核心，因为抽象思维能力始终支配着大脑的诸多因素，并制约着能力的提升。

2. 特殊能力

特殊能力又称专门能力，它是顺利完成某种专门活动所必备的能力，如音乐能力、绘画能力、数学能力、运动能力等。各种特殊能力都有自己的独特结构。如音乐能力就是由四种基本要素构成：音乐的感知能力、音乐的记忆和想象能力、音乐的情感能力、音乐的动作能力。这些要素的不同结合，就构成不同音乐家的独特的音乐能力。

一般能力和特殊能力相互关联。

一方面，一般能力在某种特殊活动领域得到特别发展时，就可能成为特殊能力的重要组成部分。例如，人的一般听觉能力既存在于音乐能力之中，也存在于言语能力中。没有听觉的一般能力的发展，就不可能发展言语和音乐的听觉能力；另一方面，在特殊能力发展的同时，也发展了一般能力。观察力属一般能力，但在画家的身上，由于绘画能力的特殊发展，对事物一般的观察力也相应增强起来。人在完成某种活动时，常需要一般能力和特殊能力的共同参与。总之，一般能力的发展为特殊能力的发展提供了更好的内部条件，特殊能力的发展也会积极地促进一般能力的发展。

3. 认知能力

认知能力是指个体接受信息、加工信息和运用信息的能力，它表现在人对客观世界的认识活动之中。

认知能力是指个体对自己的认识过程进行的认知和控制能力，它表现为人对内心正在发生的认知活动的认识、体验和监控。认知能力活动对象是认知信息。

4. 再造能力

再造能力是指在活动中顺利地掌握前人所积累的知识、技能，并按固有的模式进行活动的能力。这种能力有利于各类学习活动。人们在学习活动中的认知、记忆、操作与熟练能力多属于再造能力。

5. 创造能力

创造能力是指在活动中创造出独特的、新颖的、有社会价值产品的能力。它具有独特性、变通性、流畅性。

再造能力和创造能力是互相联系的。再造能力是创造能力的基础，任何创造活动都不可能凭空产生。因此，为了发展创造能力，首先应虚心地学习、模仿、再造。在实际活动中，这两种能力是相互渗透的。

认知：

理解：

做件什么事	怎么做的	做中的感悟

准备：

学会做：

知识与能力的关系

知识与能力是人生发展的基础，对知识理解得越深刻，掌握得越牢固，相应的能力越强，越有利于人生的发展。如果离开掌握知识的活动去谈发展能力，则能力就成为无源之水，无本之木。也就是说，有了较丰富的知识，才可能提升各种能力。

知识与能力之间不仅有联系，而且有区别。所谓区别是指知识和能力是两个不同的概念，各自有着不同的内容，彼此不能画等号。知识是人们对客观事物的认知，能力是人们在具体实践中的运用，如果只有认知而不会运用，即使有再丰富的知识，也只能是“纸上谈兵”。

知识与能力之间的转化需要具备一定的条件，知识的掌握是形成能力不可缺少的前提。但是，唯有能力才是日后个人成长与发展的关键。

人们常说：“知识就是力量。”这仅体现了人们对知识的认识和重视，如果人们只重视知识掌握，而忽视了对知识的运用和对能力的培养，知识将失去它本来的力量。

知识和能力是紧密结合在一起，而且是相辅相成的。掌握知识是创造能力的基础，创造能力是掌握知识的目的。没有学好知识，就没有能力产生的根源，掌握的知识越多，发挥的潜能就越大。学习和掌握了丰富的知识，如果没有转化为能力，那么学习的知识也是没有用处的。

【案例1】

战国时期，赵国的赵括熟读兵书，连他的父亲与他辩论都不及他，他因此受到赵王的青睐。但是，他统领赵兵跟秦兵作战，最后导致40万赵兵被活埋，断送了赵国。这就是说赵括仅掌握了很多军事理论的知识，没有将知识转化为能力，只是“纸上谈兵”，没有实战能力导致失败。

但如果没有扎实、渊博的知识作为基础，要想发挥出卓越才能，就是无稽之谈。譬如我们想建一座高大、漂亮的楼房，只有一张漂亮的图纸，没有施工能力一样。

【分析】

“纸上谈兵”的赵括从小读了很多兵书，谈起用兵之道滔滔不绝，自认为是了不起的军事家，在军事上已经是天下无敌了。

但他在长平之战中，由于只知道根据兵书指挥作战，不知道变通，结果被秦军大败，导致赵国灭亡。这个案例说明，只有知识，没有将知识转化为能力，学再多的知识也都是徒有虚名。

“纸上得来终觉浅，绝知此事须躬行”，这是当今的父母不难理解的道理，但在养育孩子的过程中，许多父母依然重智力、轻能力。倘若我们把知识比作一把刀，那么“能力”就是刀“刃”，刀的锋利程度关键在于“刃”，并非在于“刀”。

有能力的人会不知不觉地将知识运用于实践，使问题“迎刃而解”。父母教育孩子也应在“刀刃”上下功夫，而不是一味地追求“刀”的样式。也就是说，子女的教育不要“授之以鱼”，要在“授之以渔”上下功夫。

赵括的失败告诫我们：“纸上谈兵”也好，空谈理论也罢，徒有虚名的知识是没有任何价值的，只有通过大量实践将知识转化为能力，知识才有力量。

【案例2】

项羽的破釜沉舟和韩信的背水一战都是历史上著名的以少胜多的故事。按常理说，这样的军事布局是兵家大忌，是不合理的。但是他俩能根据当时的实际情况做出具体分析：“敌强我弱，只有置我军于死地而后生。”最终迅速采取措施，结果，他们打了胜仗。

所以说，我们所掌握的知识往往是一样的，唯有应用在不同场合，才会大不相同，这就是人的能力不同的原因所在。因此，我们不仅要学习到渊博的知识，还要努力培养自己的能力。

【分析】

两个著名的以少胜多的典故，告诉我们一个道理，有知识没能力，学再多的知识也没有用处。知识越多蕴藏的潜能越大，知识如果没转化为能力，知识也仅仅是知识，时间长了要不是忘记了，要不就更新了。

杨振宁教授曾说：“中国留学生学习成绩往往比美国学生好得多，然而十年以后，科研成果却比人家少得多，原因就在于美国学生思想活跃，动手能力和创造精神强。”

父母要明白：知识的掌握是能力提升的基础，提升孩子的能力才是我们最终的目的。

做任何事情都要具体问题具体分析，要善于创造，直击问题的关键环节，把不利变有利，直至获取成功。

认知：

理解：

做件什么事	怎么做的	做中的感悟

准备：

学会做：

有知识不等于有能力

我们明白了“有知识不等于有能力”这个道理，就要帮助孩子处理好知识与能力的关系，做到以下几点。

1. 常鼓励孩子独立思考

传统的教育只告诉孩子怎么“学”，怎么“记”，怎么“考高分”，孩子们死记硬背了“一大堆”理论知识，一旦付诸实践，其内容并不实用，且非常乏味无趣，在一定程度上损害了孩子学习的积极性并影响着学习效果。

现代教育不直接告诉孩子应该怎么办，而是要孩子自己去思考、去创造，使枯燥乏味的知识变得生动活泼，让每个孩子都能按自己的见解去处理问题。

通过这种经验的交流，一是可取长补短、促进人际交流能力的提高，二也是起到一种激励的效果。有一两次技不如人情有可原，长期落后者，必有奋发向上、超越他人的内动力，从而积极进取、刻苦学习。

2. 变注重知识为注重能力

当下，人们都知道知识并不等于能力，知识只有转化为能力才有力量。学习本身就是在实践中获得的真知，如果让孩子一味地读书本上的死知识，忽视实际操作能力的培养，对孩子自身发展就会产生极大的障碍。

3. 要重视双向交流

传统的教育方法是教师讲、学生听，至于听没听、听懂多少到最后的考试时才知道，而且学到的大多都是死知识。

在现代教育的案例教学中，孩子拿到案例后，先要进行消化，然后查阅各种他认为必要的理论知识，无形中加深了对知识的理解，而且这种理解是主动进行的。孩子捕捉这些理论知识后，还要经过缜密思考，提出解决问题的方案，这就是能力上的升华。同时孩子随时请求教师给以引导，促使教师根据不同孩子的不同理解补充新的内容。

【案例1】

在鲁迅先生翻译的日本作家随笔中，有一篇叫《徒然的笃学》的文章，其中举过这样一个案例：英国的亚克敦，家境优裕，终身笃学，“他的书斋里，整整排着大约七万卷的图书。据说每一部每一卷，都遗有他的手迹，而且在余白上还用铅笔记出各种意见和校勘。他无尽的知识，相传是没有一个人不惊服的”。他至少认真读了七万卷书，而成果怎么样呢？作者写道：“虽然如此，而他之为政治家，却什么成就也没有；之为历史家，也到死为止，并没留下什么著作……不过将无尽的知识，徒然搬进了他的坟墓而已。”

【分析】

亚克敦先生一生读书无数，他的大脑就像一个电脑硬盘，读书就像在电脑硬盘里储存文件，然而一台装满整个图书馆的电脑，依然只是一个工具，他依然不能独立完成任务。

所学到的知识，只有转变为思想观念，让思想观念去支配行动，才能产生结果。知识要用于社会实践和工作中，最终才能真正地转化为能力。

如果只是“死读书”，必将“读死书”，如果孩子所学的知识在实践中派不上用场，学非所用，那么，这种知识就没有任何力量。

知识不等于能力，读万卷书，行万里路，就是这个道理，“读书是学习，使用也是学习，而且是更重要的学习”。支撑人们成功的绝对不是“死知识”，而是应用于实践并发挥巨大作用的“活知识”，即独立思考的能力，与人沟通的能力，改变社会的一切能力。

【案例2】

小杰天资聪颖，从小学一年级到高中成绩一直名列前茅，16岁就考入了大学，21岁已经是研究生三年级的学生了。

小杰一度被冠以“神童”的称号，周边邻居很羡慕小杰的妈妈培养出这么好的一个孩子，可是，就在小杰即将完成学业再次取得好成绩时，却被学校开除了。

经专家组分析认为：小杰从小到大几乎没有朋友，除了完成学校老师布置的作业，就是参加妈妈额外给他报的奥数、英语、作文辅导班，小杰的童年是在几乎与世隔绝的记忆、做题中度过的，真可谓“两耳不闻窗外事，一心只读圣贤书”。

平时妈妈仅在乎小杰的考试成绩，其他，几乎忽略。

记得在一次考试中，小杰取得了班上第二名，回家后便被妈妈数落了好久。

小杰的学习就是为了取得第一名的成绩，他几乎从不和小朋友玩耍，直到上大学、研究生毕业时，接触到网络游戏，便一发不可收拾，无论是在寝室，还是在“网吧”，一玩就是好几天。

小杰因为几乎没有朋友，也不愿与人交流，在学校，老师也经常找不到他，后来，他多次违规，又不听校方劝告，因严重违法违纪，学校把这样一个曾经被冠以“神童”称号的小杰开除了。

【分析】

现实生活中父母望子成龙的心情我们特别理解，妈妈一心觉得只有学业好才能有好的未来，屏蔽了孩子与外界交流的一切机会，忽视了孩子的内心世界和孩子实际能力的培养，虽然孩子知识渊博，但自身人格的发展出现了障碍和缺陷。

认知：

理解：

做件什么事	怎么做的	做中的感悟

准备：

学会做：

如何评价孩子的能力

我们培养孩子的最终目的，是让孩子有能力独立处理当今社会各类复杂的问题。

唯有能力才是孩子成才的关键。因此，如何评价孩子的能力，便成了孩子能否成才的关键问题。

尤其是孩子进入青春期，即反叛之前的一个重要时期，这是孩子身体、行为、情感和社会能力发展的一个分水岭，也是父母教育孩子的一个极好的契机。比如，教会孩子自己做出正确决定，自己解决与同龄人、老师、父母的冲突。

培养一个快乐、自信、适应社会能力强、情商高的孩子，让孩子把更多的精力集中在学习上，为他们期待的幸福生活做好准备，是父母义不容辞的职责。

为人父母应该将“能解决问题”运用于评价孩子的方法上。

特别提示大家的是：当下，对“知识就是力量”的理解已发生深刻变化，孩子走向未来社会，应有的“力量”不是来自现今的知识，而是来自大家共享的知识。

唯有“知识共享才有益于个人发展”的观念根植于未来社会人的血脉中，于是，公开交流、分享经验、共享知识成了未来人成长的关键因素。

在这种文化的驱使下，分享和利用知识是人们自然、自动的行为，知识共享将变成个人成长的有机因素，这一点是万万不可忽略的。

随着物联网、大数据时代的来临，人与人之间的交流方式已经发生了巨大的变化，人们越来越习惯地使用非正式方式（或场合）交流经验，探讨技能和创新、创造，通过网络方式取得相互说明的学习形式已成主流，人们所需的新技能将形成动态的知识流，完成由知识本身到知识拓展、由隐性知识到显性知识的相互转化，在这样的转化中不断产生新知识，实现创新和创造。

在这样的形势下，我们的父母、教师如果依旧用传统的“掌握知识的多少”来评价孩子，必将成为孩子成长路上的一大难以逾越的障碍。

【案例1】

我国著名科学家钱学森在上小学的时候，不仅文化课成绩优秀，而且从小爱好绘画、书法和音乐。

在北师大附中求学时，钱学森就十分喜爱贝多芬的《第九交响曲》，父亲钱均夫鼓励钱学森爱好音乐，即便家境不算富裕，依旧舍得花重金，让钱学森参加各类艺术培训。

特别是钱学森在被美国政府软禁的日子中，是音乐带给他希望，贝多芬、莫扎特、海顿的交响乐，让他与厄运进行抗争。

钱学森曾多次谈到艺术给他科研和生活带来改变的话

题："正是这些艺术里所包含的诗情画意和对人生的深刻理解，使我丰富了对世界的认识，学会了艺术的广阔思维方法，我才能够避免死心眼，避免机械唯物论，想问题能够更宽一些，活一些。"

【分析】

正是得益于父亲超前的教育理念，钱学森从小不被单一的知识限制，爱好广泛，能够在不同领域取得成就，同时开拓了他的思维，找到艺术和科学相通的地方。艺术爱好使得他在科学探索中更加游刃有余，真正做到艺术和科学之间相互促进，共同发展。

【案例2】

有一个落魄的青年流浪到了巴黎，他期望父亲的朋友查尔斯叔叔能帮助自己找一份谋生的差事。

"数学精通吗？"查尔斯问。青年羞涩地摇头。

"历史地理怎么样？"青年还是不好意思地摇头。

"那法律怎么样？"青年窘困地垂下头。查尔斯接连发问，青年都只能摇头告诉对方——自己似乎没有任何长处，连丝毫的优点也找不到。"那你先把自己的住址写下来，我总得帮你找一份事做。"查尔斯最后说。

青年羞涩地写下自己的名字和住址，转身要走，却被查尔斯一把拉住了，"你的名字写得很漂亮嘛，这就是你的优点啊。""把名字写好也算一个优点？"青年在对方眼里看到了肯定的答案。

青年心想：我能把名字写得叫人称赞，那我就能把字写漂亮，能把字写漂亮，那我就能把文章写得好看……受到鼓励的青年，一点点地放大着自己的优点，他的脚步立刻轻松起来。

数年后，青年果然写出了享誉世界的经典作品。这个年轻人就是家喻户晓的18世纪法国著名作家大仲马。

【分析】

孩子的成长是一个长期的过程，需要不断给予鼓励和激励。发掘一项优势潜能，能够极大地激发他们的自信心和自尊心。生活中有很多孩子都拥有一些诸如“能把名字写好”这类小小的优点，但家长却常常忽略了。父母要培养孩子的“特长”，就要留心孩子有哪些爱好，有哪些长处可以发展为“特长”，然后在这方面刻意增强孩子的兴趣。

认知：

理解：

做件什么事	怎么做的	做中的感悟

做件什么事	怎么做的	做中的感悟

准备：

学会做：

理解并应用的知识才有力量

理解并应用是学习的目的，“理解力”又称为“学习力”，即学习的目的是理解，理解力由三个要素组成。这三个要素分别是学习的动力、学习的毅力和学习的能力。

学习的动力体现了学习的目标；学习的毅力反映了学习者的意志；学习的能力则来源于学习者掌握的知识及其在实践中的应用。

孩子是否有很强的学习力，完全取决于他（她）是否有明确的奋斗目标、坚强的意志和丰富的理论知识，尤其是大量的实践经验（图8）。

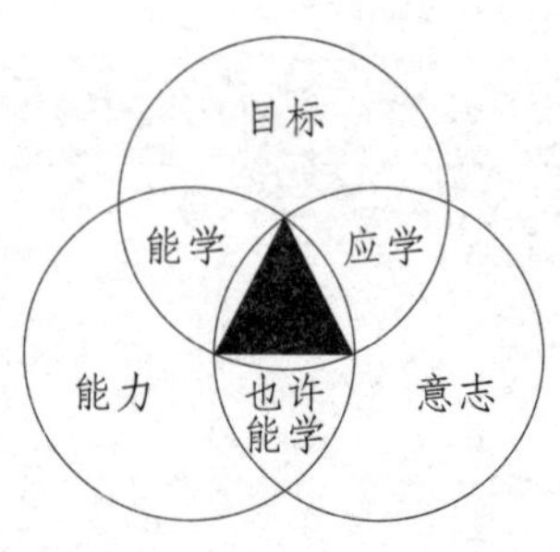

图8 学习力模型

上图是学习力模型。这个模型揭示了学习力和其三要素的内在联系。这个模型告诉我们，学习力是其三个要素的交集，只有同时具备了三要素，才能形成学习力。

当孩子有了努力的目标，孩子只是具备了“应学”的动力；当孩子具备了丰富的理论和实践经验，孩子仅仅具有了“能学”的力量；当孩子学习的意志很坚定的时候，孩子不过是有了“能学”的可能性。只有将三者集于一体，孩子才真正地拥有学习力。

一直以来，我们都认为市场竞争实质上是产品的竞争，产品的竞争其实就是技术的竞争，而技术的竞争归根到底是人才的竞争。

最新的学习型组织理论也告诉我们，竞争最终一定是学习力的竞争。

复旦大学原校长杨福家教授提出，当今的大学生从大学毕业刚走出校门的那一天起，他四年来所学的知识已经有

50%老化掉了。当今世界，知识老化的速度和世界变化的速度一样越来越快。所以，为了使孩子在未来依然是一个货真价实的人才，一定要有学习力。

每一个人才背后，一定要有很强的学习力做支撑。如果孩子的学习力下降，那孩子很可能从一个“人才”变成社会的一个“包袱”。

人才其实是一个动态的概念，它不是一成不变的，不是永恒的。它需要不断地晋级，不断地发展，只有学习力不断地加强，不断地提高，才能保证人成为真正意义上的人才。所以，人才竞争的背后隐藏着学习力的竞争。

未来社会一定会成为一个庞大的学习型组织，只有这样才能使人才在竞争中保持不败之地，才能从根本上提升社会的竞争力。

【案例1】

前阵子学校准备放暑假，“妈妈群”里就一片“哀声载道”。有些妈妈们觉得孩子放了暑假，自己的日子就要步入“难熬的时光”了。因为孩子在家，妈妈不仅要比平时多付出时间和精力来陪同孩子玩耍和学习，还要抽出更多时间来陪着孩子做暑假作业。

此时，有一个妈妈却一点也不担心，反而趁此机会在群里炫耀了一番，还给大家分享了她的育儿经。

原来，这位妈妈在孩子刚开始上学的时候，就一直在努力培养孩子的学习力。到现在，她已经不需要时刻操心孩子的学习情况，也不再天天守着孩子做作业，因为孩子会自觉在规定的时间内完成学习任务。

【分析】

孩子学习没有主动性，写作业需要父母陪着或者催着的现象很普遍，这就是典型的被动式学习。而拥有学习力的孩子，则是对学习充满了热爱，有自己的想法，能自己安排学习时间和学习任务。学习力是一种可以让孩子们独立学习，不需要父母帮忙或者催促提醒的能力。拥有学习力的孩子不仅会主动学习，还能独立思考，很容易找到学习中的乐趣。孩子自己想学什么就学什么，而不是一味地逼着孩子学习或者强迫他们去写作业，他们自己就会主动学习或者写作业。

所以，父母要从小培养孩子，自己的事情自己做主；对孩子们的决定和成果，给予鼓励和肯定；把孩子当成独立的个体，不做任何攀比。父母们要明白：只有充分地尊重孩子，从小培养他们拥有独立完善的人格，能够去独立自主地学习和生活，孩子们才能在成长的过程中，明白自己到底想要什么，也才能去坚定地追求自己的理想。

【案例2】

宋朗还依稀记得很多年前时爸爸告诉他那句话的时候，是他们一起去郊外钓鱼，他看见爸爸不一会儿钓了好几条鱼，而宋朗则一条也没有钓到，爸爸耐心地告诉他钓鱼的方法与技巧，他说："爸爸你直接把鱼给我不就好了嘛！"爸爸说："授人以鱼，不如授人以渔。"他当时一头雾水不懂什么意思，爸爸说，"给你鱼，不如教给你钓鱼的方法，技多不压身，有了一技之长，才可以长久，才有生存的本领。"

多年之后，宋朗也为人父母，才真正地明白这句话的意思。孩子的学习成绩就好比是收获的"鱼"，而自主学习能力则是"渔"，是学习的能力。对孩子来说，作为父母更需要"授之以渔"，而不只是"授之以鱼"。

【分析】

数学家华罗庚曾说过："自学，就是一种独立学习，独立思考的能力。"学习是孩子自己的事，自主学习能力的培养能体现孩子的主体作用。真正能决定孩子未来成就的，是不论到哪里，都能自主学习的关键能力（图9）。

在养成孩子自主学习力上，一味地去说教、去打骂，是起不到任何作用的。父母要努力给孩子营造良好的学习环境，巧妙运用语言引导孩子学习，让孩子学习管理自己的情绪，端正学习态度，培养学习思维，树立自主学习意识。培养孩子的独立意识，提高孩子的学习自信力等，是父母应尽的责任与义务。

认知：

理解：

做件什么事	怎么做的	做中的感悟

准备：

学会做：

本章盘点

◎小问题

回答下面的问题，帮助你理解知识与能力培养在家庭教育中的必要性。

1.能力培养的目的是什么？

2.能力培养首先要学会什么？

3.能力培养的步骤是什么？

4.能力培养有哪些环节？

5.能力培养有什么效果和表现？

6.能力培养和掌握知识应该如何链接？

7.能力培养的方式不同，其效果有哪些不一样？

8.生活中需要哪些能力？

如何做更好的父母

◎收起你的懦弱，摆出你的姿态，在对孩子进行能力培养时，不要打击孩子的积极性！

◎就算周边的人（含家庭成员）都否定孩子的能力，你也要相信孩子，不要管别人的看法。

◎脚下的路是与人合作出来的，总是犹豫不决，不如勇敢地踏出一步，要相信，世上本没有做不到的事，只有不敢尝试的人。

◎不管孩子如何尽心尽力，都可能不被欣赏，总有人认为他不够好，不管别人的眼里怎么看，你都不能放弃！

“管理好自己”思考题

【反向思维】

◎能力培养没有用，孩子不愿意与人合作！

◎支持孩子与人合作到位了，孩子还是不与人合作！

◎孩子与我，道不同不相为谋！

◎能力培养不到位很丢人，怕被别人瞧不起！

【正向思维】

◎能力培养之后，家庭和睦了！

◎能力培养之后，孩子的能力提高了！

◎能力培养之后，父母与孩子相处更融洽了！

◎能力培养之后，父母与孩子的误会没有了！

与心对话

每日一问：

家庭生活中总有一些磕磕绊绊的冲突点，很多事情都需知识与能力，你面对这些家庭琐事是怎么解决的呢？你身边的家庭又是怎么处理的呢？

请将在家里看到孩子知识与能力提升的事记录下来：

参考文献

[1]迈克尔·W.阿普尔.意识形态与课程[M].黄忠敬译.上海:华东师范出版社,2001.

[2]PIERRE B,JEAN-CLAUDE P. Reproduction in education, society and culture[M]. London,Eng:Sage Publications Ltd.1990.

[3]保罗·弗雷尔.被压迫者教育学[M].顾建新,赵友华,何曙荣译. 上海:华东师范大学出版社,2001.

[4]JEAN J. Studies in Socialism[M]. New York:Wentworth Press,2019.

[5]陶行知.陶行知全集[M].成都:四川教育出版社,2005.

[6]陶行知.中国教育改造[M].上海:上海亚东图书馆,1928.

[7]徐德春.做学教ABC[M].上海:上海世界书局,1929.

[8]陶行知.中国大众教育问题[M].上海:上海大众文化社,1936.

[9]陶行知.行知书信[M].上海:上海亚东图书馆,1929.

[10]陶行知.行知诗歌集[M].上海:上海儿童书局,1933.

[11]陶行知.行知诗歌前集[M].上海:上海儿童书局,1935.

[12]陶行知.行知诗歌三集[M].上海:上海儿童书局,1936.

[13]陈青之.中国教育史[M].北京:中国社会科学出版

社,2009.
[14]孙培青,杜成宪.中国教育史[M].3版. 上海:华东师范大学出版社,2008.
[15]王陆.虚拟学习社区原理与应用[M].北京:高等教育出版社,2004.
[16]莱斯利 · P.斯特弗. 教育中的建构主义[M].高文译.上海:华东师范大学出版社,2002.
[17]日本筑波大学教育学研究会.现代教育学基础[M].钟启泉,译.上海:上海教育出版社,2003.
[18]ROBERT M G,WALTER W W,KATHARINE G,et al. 教学设计原理[M].王小明,庞维国,陈保华等译.上海:华东师范大学出版社,2007.
[19]周文彪.生活创新教育[M].北京:新世界出版社,2013.
[20]侯怀银,张宏波.社会教育解读[J].教育学报,2007:3–8.